卞尺丹几乙し丹卞と
Translated Language Learning

The Communist Manifesto

Det Kommunistiska Manifested

Karl Marx & Friedrich Engels

English / Svenska

Copyright © 2024 Tranzlaty
All rights reserved.
Published by Tranzlaty
ISBN: 978-1-83566-575-6
Original text by Karl Marx and Friedrich Engels
The Communist Manifesto
First published in 1848
www.tranzlaty.com

Introduction
Införandet

A spectre is haunting Europe — the spectre of Communism

Ett spöke hemsöker Europa – kommunismens spöke

All the Powers of old Europe have entered into a holy alliance to exorcise this spectre

Alla makterna i det gamla Europa har ingått en helig allians för att driva ut detta spöke

Pope and Czar, Metternich and Guizot, French Radicals and German police-spies

Påven och tsaren, Metternich och Guizot, franska radikaler och tyska polisspioner

Where is the party in opposition that has not been decried as Communistic by its opponents in power?

Var finns det oppositionsparti som inte har fördömts som kommunistiskt av sina motståndare vid makten?

Where is the Opposition that has not hurled back the branding reproach of Communism, against the more advanced opposition parties?

Var finns den opposition, som inte har slungat tillbaka kommunismens brännmärkningssmälek mot de mer avancerade oppositionspartierna?

And where is the party that has not made the accusation against its reactionary adversaries?

Och var finns det parti som inte har riktat anklagelsen mot sina reaktionära motståndare?

Two things result from this fact

Två saker är resultatet av detta faktum

I. Communism is already acknowledged by all European Powers to be itself a Power

I. Kommunismen är redan erkänd av alla europeiska makter som en självständig makt

II. It is high time that Communists should openly, in the face of the whole world, publish their views, aims and tendencies

II. Det är hög tid att kommunisterna öppet inför hela världen offentliggör sina åsikter, mål och tendenser

they must meet this nursery tale of the Spectre of Communism with a Manifesto of the party itself

De måste möta denna barnkammarsaga om kommunismens spöke med ett manifest från partiet självt

To this end, Communists of various nationalities have assembled in London and sketched the following Manifesto

I detta syfte har kommunister av olika nationaliteter samlats i London och skisserat följande manifest

this manifesto is to be published in the English, French, German, Italian, Flemish and Danish languages

Detta manifest kommer att publiceras på engelska, franska, tyska, italienska, flamländska och danska språken

And now it is to be published in all the languages that Tranzlaty offers

Och nu ska den publiceras på alla språk som Tranzlaty erbjuder

Bourgeois and the Proletarians
Bourgeoisin och proletärerna

The history of all hitherto existing societies is the history of class struggles
Alla hittillsvarande samhällens historia är klasskampens historia
Freeman and slave, patrician and plebeian, lord and serf, guild-master and journeyman
Fri och slav, patricier och plebej, herre och livegen, skråmästare och gesäll
in a word, oppressor and oppressed
med ett ord, förtryckare och förtryckta
these social classes stood in constant opposition to one another
Dessa samhällsklasser stod i ständig motsättning till varandra
they carried on an uninterrupted fight. Now hidden, now open
De förde en oavbruten kamp. Nu gömd, nu öppen
a fight that either ended in a revolutionary re-constitution of society at large
En kamp som antingen slutade i en revolutionär ombildning av samhället i stort
or a fight that ended in the common ruin of the contending classes
eller en kamp som slutade med de stridande klassernas gemensamma undergång
let us look back to the earlier epochs of history
Låt oss se tillbaka på historiens tidigare epoker
we find almost everywhere a complicated arrangement of society into various orders
Vi finner nästan överallt en invecklad indelning av samhället i olika ordningar
there has always been a manifold gradation of social rank
Det har alltid funnits en mångfaldig gradering av den sociala rangen

In ancient Rome we have patricians, knights, plebeians, slaves

I det antika Rom har vi patricier, riddare, plebejer, slavar

in the Middle Ages: feudal lords, vassals, guild-masters, journeymen, apprentices, serfs

under medeltiden: feodalherrar, vasaller, skråmästare, gesäller, lärlingar, livegna

in almost all of these classes, again, subordinate gradations

I nästan alla dessa klasser, återigen, underordnade graderingar

The modern Bourgeoisie society has sprouted from the ruins of feudal society

Det moderna bourgeoisisamhället har vuxit upp ur det feodala samhällets ruiner

but this new social order has not done away with class antagonisms

Men denna nya samhällsordning har inte gjort slut på klassmotsättningarna

It has but established new classes and new conditions of oppression

Den har bara skapat nya klasser och nya förtryckande betingelser

it has established new forms of struggle in place of the old ones

Den har upprättat nya kampformer i stället för de gamla

however, the epoch we find ourselves in possesses one distinctive feature

Men den epok vi befinner oss i har ett utmärkande drag

the epoch of the Bourgeoisie has simplified the class antagonisms

Bourgeoisins epok har förenklat klassmotsättningarna

Society as a whole is more and more splitting up into two great hostile camps

Samhället som helhet håller mer och mer på att splittras i två stora fientliga läger

two great social classes directly facing each other: Bourgeoisie and Proletariat

två stora samhällsklasser som står mitt emot varandra: bourgeoisin och proletariatet

From the serfs of the Middle Ages sprang the chartered burghers of the earliest towns

Från de livegna under medeltiden härstammade de privilegierade borgarna i de tidigaste städerna

From these burgesses the first elements of the Bourgeoisie were developed

Ur dessa borgare utvecklades de första elementen av bourgeoisin

The discovery of America and the rounding of the Cape

Upptäckten av Amerika och rundningen av Kap

these events opened up fresh ground for the rising Bourgeoisie

Dessa händelser öppnade ny mark för den uppåtstigande bourgeoisin

The East-Indian and Chinese markets, the colonisation of America, trade with the colonies

De ostindiska och kinesiska marknaderna, koloniseringen av Amerika, handeln med kolonierna

the increase in the means of exchange and in commodities generally

Ökningen av bytesmedlen och av varorna i allmänhet

these events gave to commerce, navigation, and industry an impulse never before known

Dessa händelser gav handeln, sjöfarten och industrin en impuls som aldrig tidigare känts

it gave rapid development to the revolutionary element in the tottering feudal society

Den utvecklade snabbt det revolutionära elementet i det vacklande feodala samhället

closed guilds had monopolised the feudal system of industrial production

Slutna skrån hade monopoliserat det feodala systemet för industriproduktion
but this no longer sufficed for the growing wants of the new markets
Men detta räckte inte längre till för de nya marknadernas växande behov
The manufacturing system took the place of the feudal system of industry
Manufaktursystemet ersatte det feodala industrisystemet
The guild-masters were pushed on one side by the manufacturing middle class
Skråmästarna knuffades åt sidan av den tillverkande medelklassen
division of labour between the different corporate guilds vanished
Arbetsdelningen mellan de olika korporativa skråna försvann
the division of labour penetrated each single workshop
Arbetsdelningen genomsyrade varje enskild verkstad
Meantime, the markets kept ever growing, and the demand ever rising
Under tiden fortsatte marknaderna att växa och efterfrågan ständigt öka
Even factories no longer sufficed to meet the demands
Inte ens fabrikerna räckte längre till för att möta kraven
Thereupon, steam and machinery revolutionised industrial production
Därefter revolutionerade ånga och maskiner den industriella produktionen
The place of manufacture was taken by the giant, Modern Industry
Manufakturen ersattes av jätten, den moderna industrin
the place of the industrial middle class was taken by industrial millionaires
Den industriella medelklassens plats intogs av industrimiljonärerna

the place of leaders of whole industrial armies were taken
by the modern Bourgeoisie
Den moderna bourgeoisin ersatte hela industriarméernas
ledare
the discovery of America paved the way for modern industry
to establish the world market
Upptäckten av Amerika banade väg för den moderna
industrin att etablera världsmarknaden
This market gave an immense development to commerce,
navigation, and communication by land
Denna marknad gav en enorm utveckling av handel, sjöfart
och kommunikation på land
This development has, in its time, reacted on the extension
of industry
Denna utveckling har på sin tid återverkat på industrins
utbredning
it reacted in proportion to how industry extended, and how
commerce, navigation and railways extended
Den reagerade i proportion till hur industrin utvidgades och
hur handeln, sjöfarten och järnvägarna expanderade
in the same proportion that the Bourgeoisie developed, they
increased their capital
I samma proportion som bourgeoisin utvecklades, ökade de
sitt kapital
and the Bourgeoisie pushed into the background every class
handed down from the Middle Ages
Och bourgeoisin sköt varje klass som gått i arv från
medeltiden i bakgrunden
therefore the modern Bourgeoisie is itself the product of a
long course of development
Därför är den moderna bourgeoisin själv en produkt av en
lång utvecklingsgång
we see it is a series of revolutions in the modes of
production and of exchange
Vi ser att det är en serie revolutioner i produktions- och
utbytessätten

Each developmental Bourgeoisie step was accompanied by a corresponding political advance
Varje steg i bourgeoisins utveckling åtföljdes av ett motsvarande politiskt framsteg
An oppressed class under the sway of the feudal nobility
En förtryckt klass under den feodala adelns herravälde
an armed and self-governing association in the mediaeval commune
En väpnad och självstyrande sammanslutning i den medeltida kommunen
here, an independent urban republic (as in Italy and Germany)
här en självständig stadsrepublik (som i Italien och Tyskland)
there, a taxable "third estate" of the monarchy (as in France)
där, ett skattepliktigt "tredje stånd" i monarkin (som i Frankrike)
afterwards, in the period of manufacture proper
därefter, under den egentliga tillverkningsperioden,
the Bourgeoisie served either the semi-feudal or the absolute monarchy
bourgeoisin tjänade antingen den halvfeodala eller den absoluta monarkin
or the Bourgeoisie acted as a counterpoise against the nobility
eller så fungerade bourgeoisin som en motvikt mot adeln
and, in fact, the Bourgeoisie was a corner-stone of the great monarchies in general
Och i själva verket var bourgeoisin en hörnsten i de stora monarkierna i allmänhet
but Modern Industry and the world-market established itself since then
Men storindustrin och världsmarknaden har sedan dess etablerat sig
and the Bourgeoisie has conquered for itself exclusive political sway

Och bourgeoisin har erövrat sig ett exklusivt politiskt herravälde

it achieved this political sway through the modern representative State

Den uppnådde detta politiska inflytande genom den moderna representativa staten

The executives of the modern State are but a management committee

Den moderna statens verkställande organ är bara en förvaltningskommitté

and they manage the common affairs of the whole of the Bourgeoisie

och de sköter hela bourgeoisins gemensamma angelägenheter

The Bourgeoisie, historically, has played a most revolutionary part

Bourgeoisin har historiskt spelat en mycket revolutionär roll

wherever it got the upper hand, it put an end to all feudal, patriarchal, and idyllic relations

Varhelst den fick övertaget, gjorde den slut på alla feodala, patriarkaliska och idylliska förhållanden

It has pitilessly torn asunder the motley feudal ties that bound man to his "natural superiors"

Den har obarmhärtigt slitit sönder de brokiga feodala band som band människan till hennes "naturliga överordnade"

and it has left remaining no nexus between man and man, other than naked self-interest

Och den har inte lämnat något kvar av någon förbindelse mellan människor annat än det nakna egenintresset

man's relations with one another have become nothing more than callous "cash payment"

Människornas relationer till varandra har inte blivit något annat än känslokall "kontant betalning"

It has drowned the most heavenly ecstasies of religious fervour

Den har dränkt den religiösa glödens mest himmelska extas

it has drowned chivalrous enthusiasm and philistine sentimentalism

Den har dränkt ridderlig entusiasm och kälkborgerlig sentimentalitet

it has drowned these things in the icy water of egotistical calculation

Den har dränkt dessa saker i den egoistiska beräkningens iskalla vatten

It has resolved personal worth into exchangeable value

Den har upplöst personligt värde till utbytbart värde

it has replaced the numberless and indefeasible chartered freedoms

Den har ersatt de oräkneliga och ofrånkomliga stadgade friheterna

and it has set up a single, unconscionable freedom; Free Trade

och den har upprättat en enda, samvetslös frihet; Frihandel

In one word, it has done this for exploitation

Med ett ord, den har gjort detta för att exploatera

exploitation veiled by religious and political illusions

Exploatering beslöjad av religiösa och politiska illusioner

exploitation veiled by naked, shameless, direct, brutal exploitation

Exploatering beslöjad av naken, skamlös, direkt, brutal exploatering

the Bourgeoisie has stripped the halo off every previously honoured and revered occupation

Bourgeoisin har tagit bort glorian från varje tidigare hedrad och vördad sysselsättning

the physician, the lawyer, the priest, the poet, and the man of science

Läkaren, advokaten, prästen, poeten och vetenskapsmannen

it has converted these distinguished workers into its paid wage labourers

Den har förvandlat dessa framstående arbetare till sina avlönade lönarbetare

The Bourgeoisie has torn the sentimental veil away from the family

Bourgeoisin har slitit bort den sentimentala slöjan från familjen

and it has reduced the family relation to a mere money relation

Och den har reducerat familjeförhållandet till ett rent penningförhållande

the brutal display of vigour in the Middle Ages which Reactionists so much admire

den brutala uppvisningen av kraft under medeltiden, som reaktionisterna beundrar så mycket

even this found its fitting complement in the most slothful indolence

Till och med detta fann sitt passande komplement i den mest lättjefulla lättja

The Bourgeoisie has disclosed how all this came to pass

Bourgeoisin har avslöjat hur allt detta gick till

The Bourgeoisie have been the first to show what man's activity can bring about

Bourgeoisin har varit den första som visat vad människans verksamhet kan åstadkomma

It has accomplished wonders far surpassing Egyptian pyramids, Roman aqueducts, and Gothic cathedrals

Den har åstadkommit underverk som vida överträffar egyptiska pyramider, romerska akvedukter och gotiska katedraler

and it has conducted expeditions that put in the shade all former Exoduses of nations and crusades

och den har genomfört expeditioner som ställt alla tidigare uttåg av nationer och korståg i skuggan

The Bourgeoisie cannot exist without constantly revolutionising the instruments of production

Bourgeoisin kan inte existera utan att ständigt revolutionera produktionsinstrumenten

and thereby it cannot exist without its relations to production

Och därmed kan den inte existera utan sitt förhållande till produktionen

and therefore it cannot exist without its relations to society

Och därför kan den inte existera utan sina relationer till samhället

all earlier industrial classes had one condition in common

Alla tidigare industriklasser hade en betingelse gemensamt

they relied on the conservation of the old modes of production

De förlitade sig på bevarandet av de gamla produktionssätten

but the Bourgeoisie brought with it a completely new dynamic

Men bourgeoisin förde med sig en helt ny dynamik

Constant revolutionizing of production and uninterrupted disturbance of all social conditions

Ständig omvälvning av produktionen och oavbruten störning av alla samhällsförhållanden

this everlasting uncertainty and agitation distinguishes the Bourgeoisie epoch from all earlier ones

Denna eviga osäkerhet och oro skiljer bourgeoisins epok från alla tidigare

previous relations with production came with ancient and venerable prejudices and opinions

Tidigare relationer med produktionen präglades av uråldriga och ärevördiga fördomar och åsikter

but all of these fixed, fast-frozen relations are swept away

Men alla dessa fasta, fastfrusna relationer sopas bort

all new-formed relations become antiquated before they can ossify

Alla nybildade relationer blir föråldrade innan de kan förstelnas

All that is solid melts into air, and all that is holy is profaned

Allt som är fast smälter till luft, och allt som är heligt vanhelgas

man is at last compelled to face with sober senses, his real conditions of life

Människan är till sist tvungen att med nyktra sinnen möta sina verkliga livsbetingelser

and he is compelled to face his relations with his kind

och han är tvungen att möta sina relationer med sina gelikar

The Bourgeoisie constantly needs to expand its markets for its products

Bourgeoisin måste ständigt utvidga sina marknader för sina produkter

and, because of this, the Bourgeoisie is chased over the whole surface of the globe

Och på grund av detta jagas bourgeoisin över hela jordklotets yta

The Bourgeoisie must nestle everywhere, settle everywhere, establish connections everywhere

Bourgeoisin måste nästla sig in överallt, slå sig ner överallt, upprätta förbindelser överallt

The Bourgeoisie must create markets in every corner of the world to exploit

Bourgeoisin måste skapa marknader i världens alla hörn för att exploatera

the production and consumption in every country has been given a cosmopolitan character

Produktionen och konsumtionen i varje land har fått en kosmopolitisk karaktär

the chagrin of Reactionists is palpable, but it has carried on regardless

reaktionisternas förtret är påtaglig, men den har fortsatt oavsett

The Bourgeoisie have drawn from under the feet of industry the national ground on which it stood

Bourgeoisin har ryckt upp den nationella mark, på vilken den stod under industrins fötter

all old-established national industries have been destroyed, or are daily being destroyed

Alla gamla etablerade nationella industrier har förstörts eller förstörs dagligen

all old-established national industries are dislodged by new industries

Alla gamla etablerade nationella industrier trängs undan av nya industrier

their introduction becomes a life and death question for all civilised nations

Deras införande blir en fråga om liv och död för alla civiliserade nationer

they are dislodged by industries that no longer work up indigenous raw material

De trängs undan av industrier som inte längre arbetar upp inhemska råvaror

instead, these industries pull raw materials from the remotest zones

I stället hämtar dessa industrier råvaror från de mest avlägsna områdena

industries whose products are consumed, not only at home, but in every quarter of the globe

Industrier vars produkter konsumeras, inte bara i hemmen, utan i varje hörn av världen

In place of the old wants, satisfied by the productions of the country, we find new wants

I stället för de gamla behoven, tillfredsställda av landets produktion, finner vi nya behov

these new wants require for their satisfaction the products of distant lands and climes

Dessa nya behov kräver för att tillfredsställa produkter från fjärran länder och trakter

In place of the old local and national seclusion and self-sufficiency, we have trade

I stället för den gamla lokala och nationella avskildheten och självförsörjningen har vi handel

international exchange in every direction; universal inter-dependence of nations

internationellt utbyte i alla riktningar; Universellt ömsesidigt
beroende mellan nationer
**and just as we have dependency on materials, so we are
dependent on intellectual production**
Och på samma sätt som vi är beroende av material, så är vi
beroende av intellektuell produktion
**The intellectual creations of individual nations become
common property**
De enskilda nationernas intellektuella skapelser blir
gemensam egendom
**National one-sidedness and narrow-mindedness become
more and more impossible**
Nationell ensidighet och trångsynthet blir mer och mer
omöjlig
**and from the numerous national and local literatures, there
arises a world literature**
Och ur de talrika nationella och lokala litteraturerna uppstår
en världslitteratur
by the rapid improvement of all instruments of production
genom en snabb förbättring av alla produktionsinstrument
by the immensely facilitated means of communication
av de oerhört underlättade kommunikationsmedlen
**The Bourgeoisie draws all (even the most barbarian nations)
into civilisation**
Bourgeoisin drar in alla (även de mest barbariska nationerna) i
civilisationen
**The cheap prices of its commodities; the heavy artillery that
batters down all Chinese walls**
De billiga priserna på dess varor; det tunga artilleriet som slår
ner alla kinesiska murar
**the barbarians' intensely obstinate hatred of foreigners is
forced to capitulate**
Barbarernas hårdnackade främlingshat tvingas kapitulera
**It compels all nations, on pain of extinction, to adopt the
Bourgeoisie mode of production**

Den tvingar alla nationer att vid äventyr av utrotning anta
bourgeoisins produktionssätt

**it compels them to introduce what it calls civilisation into
their midst**

Den tvingar dem att införa vad den kallar civilisation mitt
ibland dem

**The Bourgeoisie force the barbarians to become Bourgeoisie
themselves**

Bourgeoisin tvingar barbarerna att själva bli bourgeoisi

**in a word, the Bourgeoisie creates a world after its own
image**

Med ett ord: bourgeoisin skapar en värld efter sin egen avbild

**The Bourgeoisie has subjected the countryside to the rule of
the towns**

Bourgeoisin har underkastat landsbygden städernas
herravälde

**It has created enormous cities and greatly increased the
urban population**

Den har skapat enorma städer och kraftigt ökat
stadsbefolkningen

**it rescued a considerable part of the population from the
idiocy of rural life**

Den räddade en betydande del av befolkningen från
landsbygdens idioti

**but it has made those in the the countryside dependent on
the towns**

Men den har gjort dem som bor på landsbygden beroende av
städerna

**and likewise, it has made the barbarian countries dependent
on the civilised ones**

Och på samma sätt har den gjort de barbariska länderna
beroende av de civiliserade

**nations of peasants on nations of Bourgeoisie, the East on
the West**

bondenationer på bourgeoisins nationer, öst på väst

The Bourgeoisie does away with the scattered state of the population more and more
Bourgeoisin gör sig mer och mer av med den splittrade befolkningens tillstånd
It has agglomerated production, and has concentrated property in a few hands
Den har en agglomererad produktion och har koncentrerat egendomen i några få händer
The necessary consequence of this was political centralisation
Den nödvändiga konsekvensen av detta var politisk centralisering
there had been independent nations and loosely connected provinces
Det hade funnits självständiga nationer och löst sammanhållna provinser
they had separate interests, laws, governments and systems of taxation
De hade olika intressen, lagar, regeringar och skattesystem
but they have become lumped together into one nation, with one government
Men de har klumpats ihop till en nation, med en regering
they now have one national class-interest, one frontier and one customs-tariff
De har nu ett nationellt klassintresse, en gräns och en tulltaxa
and this national class-interest is unified under one code of law
Och detta nationella klassintresse är förenat under en enda lagsamling
the Bourgeoisie has achieved much during its rule of scarce one hundred years
Bourgeoisin har uträttat mycket under sitt knappa hundraåriga styre
more massive and colossal productive forces than have all preceding generations together

mer massiva och kolossala produktivkrafter än alla tidigare
generationer tillsammans har gjort
**Nature's forces are subjugated to the will of man and his
machinery**
Naturens krafter är underkastade människans och hennes
maskiners vilja
**chemistry is applied to all forms of industry and types of
agriculture**
Kemi tillämpas på alla former av industri och typer av
jordbruk
**steam-navigation, railways, electric telegraphs, and the
printing press**
ångsjöfart, järnvägar, elektriska telegrafer och tryckpressen
**clearing of whole continents for cultivation, canalisation of
rivers**
röjning av hela kontinenter för odling, kanalisering av floder
**whole populations have been conjured out of the ground
and put to work**
Hela befolkningar har trollats fram ur marken och satts i
arbete
**what earlier century had even a presentiment of what could
be unleashed?**
Vilket tidigare århundrade hade ens en föraning om vad som
kunde släppas lös?
**who predicted that such productive forces slumbered in the
lap of social labour?**
Vem hade förutsett att sådana produktivkrafter slumrade i det
samhälleliga arbetets sköte?
**we see then that the means of production and of exchange
were generated in feudal society**
Vi ser alltså, att produktions- och samfärdsmedlen alstrades i
det feodala samhället
**the means of production on whose foundation the
Bourgeoisie built itself up**
de produktionsmedel, på vilkas grundval bourgeoisin byggde
upp sig

At a certain stage in the development of these means of production and of exchange
På ett visst stadium i utvecklingen av dessa produktions- och utbytesmedel
the conditions under which feudal society produced and exchanged
De betingelser, under vilka det feodala samhället producerade och utbytte
the feudal organisation of agriculture and manufacturing industry
Den feodala organisationen av jordbruket och manufakturindustrin
the feudal relations of property were no longer compatible with the material conditions
De feodala egendomsförhållandena var inte längre förenliga med de materiella betingelserna
They had to be burst asunder, so they were burst asunder
De måste sprängas sönder, så de sprängdes sönder
Into their place stepped free competition from the productive forces
I deras ställe steg den fria konkurrensen från produktivkrafterna
and they were accompanied by a social and political constitution adapted to it
Och de åtföljdes av en social och politisk konstitution som var anpassad till den
and it was accompanied by the economical and political sway of the Bourgeoisie class
och den åtföljdes av bourgeoisins ekonomiska och politiska herravälde
A similar movement is going on before our own eyes
En liknande rörelse pågår framför våra egna ögon
Modern Bourgeoisie society with its relations of production, and of exchange, and of property
Det moderna bourgeoisisamhället med dess produktions-, utbytes- och egendomsförhållanden

a society that has conjured up such gigantic means of production and of exchange

ett samhälle som har trollat fram sådana gigantiska produktions- och utbytesmedel

it is like the sorcerer who called up the powers of the nether world

Det är som trollkarlen som kallade på underjordens makter

but he is no longer able to control what he has brought into the world

Men han kan inte längre kontrollera vad han har fört till världen

For many a decade past history was tied together by a common thread

Under många decennier har historien knutits samman av en röd tråd

the history of industry and commerce has been but the history of revolts

Industrins och handelns historia har bara varit revolternas historia

the revolts of modern productive forces against modern conditions of production

De moderna produktivkrafternas uppror mot de moderna produktionsförhållandena

the revolts of modern productive forces against property relations

De moderna produktivkrafternas uppror mot egendomsförhållandena

these property relations are the conditions for the existence of the Bourgeoisie

Dessa egendomsförhållanden är betingelserna för bourgeoisins existens

and the existence of the Bourgeoisie determines the rules for property relations

Och bourgeoisins existens bestämmer reglerna för egendomsförhållandena

it is enough to mention the periodical return of commercial crises

Det räcker med att nämna de periodiska återkomsterna av handelskriser

each commercial crisis is more threatening to Bourgeoisie society than the last

varje handelskris är mer hotande för det borgerliga samhället än den förra

In these crises a great part of the existing products are destroyed

I dessa kriser förstörs en stor del av de befintliga produkterna

but these crises also destroy the previously created productive forces

Men dessa kriser förstör också de tidigare skapade produktivkrafterna

in all earlier epochs these epidemics would have seemed an absurdity

Under alla tidigare epoker skulle dessa epidemier ha förefallit som en absurditet

because these epidemics are the commercial crises of over-production

Därför att dessa epidemier är överproduktionens kommersiella kriser

Society suddenly finds itself put back into a state of momentary barbarism

Samhället befinner sig plötsligt åter i ett tillstånd av tillfälligt barbari

as if a universal war of devastation had cut off every means of subsistence

som om ett universellt krig av förödelse hade skurit av alla livsförnödenheter

industry and commerce seem to have been destroyed; and why?

industri och handel tycks ha förstörts; Och varför?

Because there is too much civilisation and means of subsistence

Därför att det finns för mycket civilisation och för mycket medel för uppehälle

and because there is too much industry, and too much commerce

Och för att det finns för mycket industri och för mycket handel

The productive forces at the disposal of society no longer develop Bourgeoisie property

De produktivkrafter, som står till samhällets förfogande, utvecklar inte längre bourgeoisins egendom

on the contrary, they have become too powerful for these conditions, by which they are fettered

Tvärtom har de blivit alltför mäktiga för dessa betingelser, som fjättrar dem

as soon as they overcome these fetters, they bring disorder into the whole of Bourgeoisie society

Så snart de övervunnit dessa fjättrar, bringar de oordning i hela det borgerliga samhället

and the productive forces endanger the existence of Bourgeoisie property

Och produktivkrafterna sätter bourgeoisins egendom på spel

The conditions of Bourgeoisie society are too narrow to comprise the wealth created by them

Förhållandena i det borgerliga samhället är alltför trånga för att rymma den rikedom som det skapar

And how does the Bourgeoisie get over these crises?

Och hur kommer bourgeoisin över dessa kriser?

On the one hand, it overcomes these crises by the enforced destruction of a mass of productive forces

Å ena sidan övervinner den dessa kriser genom att påtvinga förintelsen av en mängd produktivkrafter

on the other hand, it overcomes these crises by the conquest of new markets

Å andra sidan övervinner den dessa kriser genom att erövra nya marknader

and it overcomes these crises by the more thorough exploitation of the old forces of production

Och den övervinner dessa kriser genom att grundligare exploatera de gamla produktivkrafterna

That is to say, by paving the way for more extensive and more destructive crises

Det vill säga genom att bana väg för mer omfattande och mer destruktiva kriser

it overcomes the crisis by diminishing the means whereby crises are prevented

Den övervinner krisen genom att minska de medel genom vilka kriser kan förebyggas

The weapons with which the Bourgeoisie felled feudalism to the ground are now turned against itself

De vapen, med vilka bourgeoisin fällde feodalismen, är nu vända mot sig själv

But not only has the Bourgeoisie forged the weapons that bring death to itself

Men bourgeoisin har inte bara smidit de vapen som bringar död åt sig själv

it has also called into existence the men who are to wield those weapons

Den har också framkallat de män som ska hantera dessa vapen

and these men are the modern working class; they are the proletarians

Och dessa män är den moderna arbetarklassen; De är proletärerna

In proportion as the Bourgeoisie is developed, in the same proportion is the Proletariat developed

I samma mån som bourgeoisin är utvecklad, i samma proportion är proletariatet utvecklat

the modern working class developed a class of labourers

Den moderna arbetarklassen utvecklade en klass av arbetare

this class of labourers live only so long as they find work

Denna klass av arbetare lever bara så länge de finner arbete

and they find work only so long as their labour increases capital

Och de får arbete endast så länge deras arbete ökar kapitalet

These labourers, who must sell themselves piece-meal, are a commodity

Dessa arbetare, som måste sälja sig bit för bit, är en vara

these labourers are like every other article of commerce

Dessa arbetare är som varje annan handelsartikel

and they are consequently exposed to all the vicissitudes of competition

Och de är följaktligen utsatta för konkurrensens alla växlingar

they have to weather all the fluctuations of the market

De måste klara av alla fluktuationer på marknaden

Owing to the extensive use of machinery and to division of labour

På grund av den omfattande användningen av maskiner och arbetsfördelningen

the work of the proletarians has lost all individual character

Proletärernas arbete har förlorat all egenart

and consequently, the work of the proletarians has lost all charm for the workman

Och följaktligen har proletärernas arbete förlorat all charm för arbetaren

He becomes an appendage of the machine, rather than the man he once was

Han blir ett bihang till maskinen, snarare än den människa han en gång var

only the most simple, monotonous, and most easily acquired knack is required of him

Endast den enklaste, mest enformiga och lättförvärvade talang krävs av honom

Hence, the cost of production of a workman is restricted

Därför är en arbetares produktionskostnader begränsade

it is restricted almost entirely to the means of subsistence that he requires for his maintenance

Den är nästan helt begränsad till de medel för uppehälle som
han behöver för sitt uppehälle
**and it is restricted to the means of subsistence that he
requires for the propagation of his race**
Och den är begränsad till de livsförnödenheter som hon
behöver för sin ras fortplantning
**But the price of a commodity, and therefore also of labour, is
equal to its cost of production**
Men priset på en vara, och därmed också på arbetet, är lika
med dess produktionskostnader
**In proportion, therefore, as the repulsiveness of the work
increases, the wage decreases**
I samma mån som arbetets motbjudande karaktär ökar,
sjunker alltså lönen
**Nay, the repulsiveness of his work increases at an even
greater rate**
Nej, motbjudandet i hans arbete ökar i ännu högre takt
**as the use of machinery and division of labour increases, so
does the burden of toil**
I takt med att användningen av maskiner och arbetsdelningen
ökar, ökar också bördan av slit
**the burden of toil is increased by prolongation of the
working hours**
Arbetets börda ökar genom att arbetstiden förlängs
more is expected of the labourer in the same time as before
Man förväntar sig mer av arbetaren på samma tid som förut
**and of course the burden of the toil is increased by the speed
of the machinery**
Och naturligtvis ökas bördan av arbetet med maskineriets
hastighet
**Modern industry has converted the little workshop of the
patriarchal master into the great factory of the industrial
capitalist**
Storindustrin har förvandlat den patriarkaliske mästarens lilla
verkstad till industrikapitalistens stora fabrik

Masses of labourers, crowded into the factory, are organised like soldiers
Massor av arbetare, som trängs i fabriken, är organiserade som soldater

As privates of the industrial army they are placed under the command of a perfect hierarchy of officers and sergeants
Som meniga i industriarmén ställs de under befäl av en perfekt hierarki av officerare och sergeanter

they are not only the slaves of the Bourgeoisie class and State
De är inte bara slavar under bourgeoisin, klassen och staten

but they are also daily and hourly enslaved by the machine
Men de är också dagligen och stundligen förslavade av maskinen

they are enslaved by the over-looker, and, above all, by the individual Bourgeoisie manufacturer himself
De är förslavade av åskådaren och framför allt av den enskilde bourgeoisifabrikanten själv

The more openly this despotism proclaims gain to be its end and aim, the more petty, the more hateful and the more embittering it is
Ju mer öppet denna despotism proklamerar att vinning är dess mål och mål, desto småaktigare, desto mer hatisk och desto bittrare är den

the more modern industry becomes developed, the lesser are the differences between the sexes
Ju mer den moderna industrin utvecklas, desto mindre blir skillnaderna mellan könen

The less the skill and exertion of strength implied in manual labour, the more is the labour of men superseded by that of women
Ju mindre skicklighet och kraftansträngning som är förenad med manuellt arbete, desto mer ersätts männens arbete av kvinnornas

Differences of age and sex no longer have any distinctive social validity for the working class

Skillnader i ålder och kön har inte längre någon distinkt social
giltighet för arbetarklassen
**All are instruments of labour, more or less expensive to use,
according to their age and sex**
Alla är arbetsmedel, mer eller mindre dyra att använda
beroende på ålder och kön
**as soon as the labourer receives his wages in cash, than he is
set upon by the other portions of the Bourgeoisie**
Så snart arbetaren får sin lön i kontanter, blir han påsatt av de
andra delarna av bourgeoisin
the landlord, the shopkeeper, the pawnbroker, etc
hyresvärden, affärsinnehavaren, pantlånaren, etc
**The lower strata of the middle class; the small trades people
and shopkeepers**
De lägre skikten av medelklassen; De små hantverkarna och
affärsinnehavarna
**the retired tradesmen generally, and the handicraftsmen and
peasants**
de pensionerade köpmännen i allmänhet, och hantverkarna
och bönderna
all these sink gradually into the Proletariat
allt detta sjunker så småningom ner i proletariatet
**partly because their diminutive capital does not suffice for
the scale on which Modern Industry is carried on**
Delvis därför att deras lilla kapital inte räcker till för den skala,
i vilken storindustrin bedrivs
**and because it is swamped in the competition with the large
capitalists**
Och därför att den är översvämmad i konkurrensen med de
stora kapitalisterna
**partly because their specialized skill is rendered worthless
by the new methods of production**
Delvis därför att deras specialskicklighet blir värdelös genom
de nya produktionsmetoderna
**Thus the Proletariat is recruited from all classes of the
population**

På så sätt rekryteras proletariatet från alla klasser av befolkningen

The Proletariat goes through various stages of development

Proletariatet genomgår olika utvecklingsstadier

With its birth begins its struggle with the Bourgeoisie

Med sin födelse börjar dess kamp mot bourgeoisin

At first the contest is carried on by individual labourers

Till en början förs kampen av enskilda arbetare

then the contest is carried on by the workpeople of a factory

Sedan förs kampen av arbetarna på en fabrik

then the contest is carried on by the operatives of one trade, in one locality

Då förs kampen av arbetarna i en bransch, på en ort

and the contest is then against the individual Bourgeoisie who directly exploits them

Kampen står då mot den enskilda bourgeoisin, som direkt exploaterar dem

They direct their attacks not against the Bourgeoisie conditions of production

De riktar inte sina angrepp mot bourgeoisins produktionsförhållanden

but they direct their attack against the instruments of production themselves

Men de riktar sitt angrepp mot själva produktionsinstrumenten

they destroy imported wares that compete with their labour

De förstör importerade varor som konkurrerar med deras arbetskraft

they smash to pieces machinery and they set factories ablaze

De slår sönder maskiner och sätter fabriker i brand

they seek to restore by force the vanished status of the workman of the Middle Ages

De söker med våld återupprätta den förlorade ställningen för medeltidens arbetare

At this stage the labourers still form an incoherent mass scattered over the whole country

På detta stadium bildar arbetarna ännu en osammanhängande massa, utspridd över hela landet

and they are broken up by their mutual competition

och de bryts upp av sin ömsesidiga konkurrens

If anywhere they unite to form more compact bodies, this is not yet the consequence of their own active union

Om de någonstans förenar sig för att bilda mer kompakta kroppar, så är detta ännu inte en konsekvens av deras egen aktiva förening

but it is a consequence of the union of the Bourgeoisie, to attain its own political ends

men den är en följd av bourgeoisins förening för att uppnå sina egna politiska mål

the Bourgeoisie is compelled to set the whole Proletariat in motion

Bourgeoisin är tvungen att sätta hela proletariatet i rörelse

and moreover, for a time being, the Bourgeoisie is able to do so

och dessutom är bourgeoisin för närvarande i stånd att göra det

At this stage, therefore, the proletarians do not fight their enemies

På detta stadium bekämpar alltså proletärerna inte sina fiender

but instead they are fighting the enemies of their enemies

Men i stället bekämpar de sina fienders fiender

the fight the remnants of absolute monarchy and the landowners

Kampen mot resterna av den absoluta monarkin och godsägarna

they fight the non-industrial Bourgeoisie; the petty Bourgeoisie

de bekämpar den icke-industriella bourgeoisin; småbourgeoisin

Thus the whole historical movement is concentrated in the hands of the Bourgeoisie

På så sätt är hela den historiska rörelsen koncentrerad i
bourgeoisins händer
every victory so obtained is a victory for the Bourgeoisie
Varje seger som vunnits på detta sätt är en seger för
bourgeoisin
**But with the development of industry the Proletariat not
only increases in number**
Men i och med industrins utveckling växer inte bara
proletariatet i antal
**the Proletariat becomes concentrated in greater masses and
its strength grows**
Proletariatet koncentreras till större massor och dess styrka
växer
and the Proletariat feels that strength more and more
Och proletariatet känner denna styrka mer och mer
**The various interests and conditions of life within the ranks
of the Proletariat are more and more equalised**
De olika intressena och levnadsförhållandena inom
proletariatets led blir mer och mer utjämnade
**they become more in proportion as machinery obliterates all
distinctions of labour**
De blir mer i proportion till att maskineriet utplånar alla
skillnader i arbetet
**and machinery nearly everywhere reduces wages to the same
low level**
Och maskinerna sänker nästan överallt lönerna till samma
låga nivå
**The growing competition among the Bourgeoisie, and the
resulting commercial crises, make the wages of the workers
ever more fluctuating**
Den växande konkurrensen inom bourgeoisin och de därav
följande handelskriserna gör att arbetarnas löner blir allt mer
fluktuerande
**The unceasing improvement of machinery, ever more
rapidly developing, makes their livelihood more and more
precarious**

Den oavbrutna förbättringen av maskinerna, som utvecklas
allt snabbare, gör deras livsuppehälle mer och mer osäkert
**the collisions between individual workmen and individual
Bourgeoisie take more and more the character of collisions
between two classes**
Kollisionerna mellan de enskilda arbetarna och den enskilda
bourgeoisin får mer och mer karaktären av kollisioner mellan
två klasser
**Thereupon the workers begin to form combinations (Trades
Unions) against the Bourgeoisie**
Därpå börjar arbetarna bilda sammanslutningar
(fackföreningar) mot bourgeoisin
they club together in order to keep up the rate of wages
De går samman för att hålla uppe lönerna
**they found permanent associations in order to make
provision beforehand for these occasional revolts**
De bildade permanenta sammanslutningar för att i förväg
förbereda för dessa tillfälliga revolter
Here and there the contest breaks out into riots
Här och där bryter striden ut i kravaller
Now and then the workers are victorious, but only for a time
Då och då segrar arbetarna, men bara för en tid
**The real fruit of their battles lies, not in the immediate
result, but in the ever-expanding union of the workers**
Den verkliga frukten av deras kamp ligger inte i det
omedelbara resultatet, utan i den ständigt expanderande
föreningen mellan arbetarna
**This union is helped on by the improved means of
communication that are created by modern industry**
Denna union får hjälp av de förbättrade
kommunikationsmedel som den moderna industrin har
skapat
**modern communication places the workers of different
localities in contact with one another**
Modern kommunikation sätter arbetare på olika orter i
kontakt med varandra

**It was just this contact that was needed to centralise the
numerous local struggles into one national struggle between
classes**

Det var just denna kontakt som behövdes för att centralisera
de talrika lokala kamperna till en nationell kamp mellan
klasserna

**all of these struggles are of the same character, and every
class struggle is a political struggle**

Alla dessa kamper är av samma karaktär, och varje klasskamp
är en politisk kamp

**the burghers of the Middle Ages, with their miserable
highways, required centuries to form their unions**

Medeltidens borgare, med sina eländiga landsvägar, behövde
århundraden för att bilda sina förbund

**the modern proletarians, thanks to railways, achieve their
unions within a few years**

De moderna proletärerna uppnår tack vare järnvägarna sina
fackföreningar inom några få år

**This organisation of the proletarians into a class
consequently formed them into a political party**

Denna organisering av proletärerna till en klass formade dem
följaktligen till ett politiskt parti

**the political class is continually being upset again by the
competition between the workers themselves**

Den politiska klassen blir ständigt upprörd på nytt genom
konkurrensen mellan arbetarna själva

**But the political class continues to rise up again, stronger,
firmer, mightier**

Men den politiska klassen fortsätter att resa sig igen, starkare,
fastare, mäktigare

**It compels legislative recognition of particular interests of
the workers**

Den tvingar fram ett rättsligt erkännande av arbetstagarnas
särskilda intressen

**it does this by taking advantage of the divisions among the
Bourgeoisie itself**

Den gör detta genom att utnyttja splittringen inom
bourgeoisin själv
Thus the ten-hours' bill in England was put into law
På så sätt blev tiotimmarslagen i England lag
in many ways the collisions between the classes of the old
society further is the course of development of the
Proletariat
På många sätt är kollisionerna mellan klasserna i det gamla
samhället dessutom proletariatets utvecklingsväg
The Bourgeoisie finds itself involved in a constant battle
Bourgeoisin befinner sig i en ständig kamp
At first it will find itself involved in a constant battle with
the aristocracy
Till en början kommer den att finna sig själv inblandad i en
ständig kamp med aristokratin
later on it will find itself involved in a constant battle with
those portions of the Bourgeoisie itself
Senare kommer den att finna sig indragen i en ständig kamp
med dessa delar av bourgeoisin själv
and their interests will have become antagonistic to the
progress of industry
Och deras intressen kommer att ha blivit antagonistiska mot
industrins framsteg
at all times, their interests will have become antagonistic
with the Bourgeoisie of foreign countries
deras intressen kommer alltid att ha blivit antagonistiska mot
bourgeoisin i främmande länder
In all these battles it sees itself compelled to appeal to the
Proletariat, and asks for its help
I alla dessa strider ser den sig tvingad att vädja till
proletariatet och ber om dess hjälp
and thus, it will feel compelled to drag it into the political
arena
Och därför kommer den att känna sig tvingad att dra in den
på den politiska arenan

**The Bourgeoisie itself, therefore, supplies the Proletariat
with its own instruments of political and general education**
Bourgeoisin själv förser därför proletariatet med sina egna
instrument för politisk och allmän skolning
**in other words, it furnishes the Proletariat with weapons for
fighting the Bourgeoisie**
Den förser med andra ord proletariatet med vapen för att
bekämpa bourgeoisin
**Further, as we have already seen, entire sections of the
ruling classes are precipitated into the Proletariat**
Vidare, som vi redan sett, störtas hela skikt av de härskande
klasserna in i proletariatet
the advance of industry sucks them into the Proletariat
Industrins framåtskridande suger in dem i proletariatet
**or, at least, they are threatened in their conditions of
existence**
Eller åtminstone är de hotade under sina existensförhållanden
**These also supply the Proletariat with fresh elements of
enlightenment and progress**
Dessa förser också proletariatet med nya element av
upplysning och framåtskridande
**Finally, in times when the class struggle nears the decisive
hour**
Slutligen, i tider då klasskampen närmar sig den avgörande
timmen
the process of dissolution going on within the ruling class
Upplösningsprocessen som pågår inom den härskande
klassen
**in fact, the dissolution going on within the ruling class will
be felt within the whole range of society**
Faktum är att den upplösning som pågår inom den härskande
klassen kommer att märkas i hela samhället
**it will take on such a violent, glaring character, that a small
section of the ruling class cuts itself adrift**
Den kommer att anta en så våldsam, iögonfallande karaktär
att en liten del av den härskande klassen bryter sig loss

and that ruling class will join the revolutionary class
Och den härskande klassen kommer att ansluta sig till den
revolutionära klassen
**the revolutionary class being the class that holds the future
in its hands**
Den revolutionära klassen är den klass som håller framtiden i
sina händer
**Just as at an earlier period, a section of the nobility went
over to the Bourgeoisie**
Precis som tidigare gick en del av adeln över till bourgeoisin
**the same way a portion of the Bourgeoisie will go over to the
Proletariat**
på samma sätt kommer en del av bourgeoisin att gå över till
proletariatet
**in particular, a portion of the Bourgeoisie will go over to a
portion of the Bourgeoisie ideologists**
I synnerhet kommer en del av bourgeoisin att gå över till en
del av bourgeoisins ideologer
**Bourgeoisie ideologists who have raised themselves to the
level of comprehending theoretically the historical
movement as a whole**
Borgerliga ideologer, som höjt sig till den nivå där de
teoretiskt förstår den historiska rörelsen i dess helhet.
**Of all the classes that stand face to face with the Bourgeoisie
today, the Proletariat alone is a really revolutionary class**
Av alla de klasser, som i dag står ansikte mot ansikte med
bourgeoisin, är proletariatet ensamt en verkligt revolutionär
klass
**The other classes decay and finally disappear in the face of
Modern Industry**
De andra klasserna förfaller och försvinner slutligen inför
storindustrin
the Proletariat is its special and essential product
Proletariatet är dess speciella och väsentliga produkt
**The lower middle class, the small manufacturer, the
shopkeeper, the artisan, the peasant**

Den lägre medelklassen, den lilla fabrikanten, butiksägaren, hantverkaren, bonden
all these fight against the Bourgeoisie
alla dessa strider mot bourgeoisin
they fight as fractions of the middle class to save themselves from extinction
De kämpar som fraktioner av medelklassen för att rädda sig själva från utrotning
They are therefore not revolutionary, but conservative
De är därför inte revolutionära, utan konservativa
Nay more, they are reactionary, for they try to roll back the wheel of history
Än mer, de är reaktionära, ty de försöker rulla tillbaka historiens hjul
If by chance they are revolutionary, they are so only in view of their impending transfer into the Proletariat
Om de händelsevis är revolutionära, så är de det endast med tanke på sin förestående övergång till proletariatet
they thus defend not their present, but their future interests
På så sätt försvarar de inte sina nuvarande utan sina framtida intressen
they desert their own standpoint to place themselves at that of the Proletariat
de överger sin egen ståndpunkt för att ställa sig på proletariatets ståndpunkt
The "dangerous class," the social scum, that passively rotting mass thrown off by the lowest layers of old society
Den "farliga klassen", det sociala avskummet, denna passivt ruttnande massa som kastats av det gamla samhällets lägsta skikt
they may, here and there, be swept into the movement by a proletarian revolution
De kan här och där svepas in i rörelsen av en proletär revolution
its conditions of life, however, prepare it far more for the part of a bribed tool of reactionary intrigue

Men dess levnadsförhållanden förbereder den i mycket högre
grad för rollen som mutat verktyg för reaktionära intriger
**In the conditions of the Proletariat, those of old society at
large are already virtually swamped**
Under proletariatets förhållanden är det gamla samhällets
förhållanden i stort redan praktiskt taget översvämmat
The proletarian is without property
Proletären är utan egendom
**his relation to his wife and children has no longer anything
in common with the Bourgeoisie's family-relations**
Hans förhållande till hustru och barn har inte längre något
gemensamt med bourgeoisins familjeförhållanden
**modern industrial labour, modern subjection to capital, the
same in England as in France, in America as in Germany**
Det moderna industriarbetet, den moderna underkastelsen
under kapitalet, detsamma i England som i Frankrike, i
Amerika som i Tyskland
**his condition in society has stripped him of every trace of
national character**
Hans ställning i samhället har berövat honom varje spår av
nationalkaraktär
**Law, morality, religion, are to him so many Bourgeoisie
prejudices**
Lagen, sedligheten, religionen äro för honom så många
fördomar om bourgeoisin
**and behind these prejudices lurk in ambush just as many
Bourgeoisie interests**
Och bakom dessa fördomar lurar i bakhåll lika många
borgerliga intressen
**All the preceding classes that got the upper hand, sought to
fortify their already acquired status**
Alla de föregående klasserna, som fick övertaget, försökte
befästa sin redan förvärvade ställning
**they did this by subjecting society at large to their
conditions of appropriation**

De gjorde detta genom att underkasta samhället i stort sina
villkor för tillägnelse
**The proletarians cannot become masters of the productive
forces of society**
Proletärerna kan inte bli herrar över samhällets
produktivkrafter
**it can only do this by abolishing their own previous mode of
appropriation**
Den kan bara göra detta genom att avskaffa sitt eget tidigare
sätt att tillägna sig
**and thereby it also abolishes every other previous mode of
appropriation**
Och därmed upphäver den också varje annan hittillsvarande
tillägnelseform
They have nothing of their own to secure and to fortify
De har inget eget att säkra och befästa
**their mission is to destroy all previous securities for, and
insurances of, individual property**
Deras uppdrag är att förstöra alla tidigare säkerheter för, och
försäkringar för, enskild egendom
**All previous historical movements were movements of
minorities**
Alla tidigare historiska rörelser var förflyttningar av
minoriteter
or they were movements in the interests of minorities
Eller så var de rörelser i minoriteters intresse
**The proletarian movement is the self-conscious,
independent movement of the immense majority**
Den proletära rörelsen är den oerhörda majoritetens
självmedvetna, oavhängiga rörelse
**and it is a movement in the interests of the immense
majority**
Och det är en rörelse i den överväldigande majoritetens
intresse
The Proletariat, the lowest stratum of our present society
Proletariatet, det lägsta skiktet i vårt nuvarande samhälle

it cannot stir or raise itself up without the whole superincumbent strata of official society being sprung into the air

Den kan inte röra om eller höja sig själv utan att hela det officiella samhällets överliggande skikt kastas upp i luften

Though not in substance, yet in form, the struggle of the Proletariat with the Bourgeoisie is at first a national struggle

Proletariatets kamp mot bourgeoisin är till en början en nationell kamp, även om den inte är till innehållet, men ändå inte till formen,

The Proletariat of each country must, of course, first of all settle matters with its own Bourgeoisie

Proletariatet i varje land måste naturligtvis först och främst göra upp med sin egen bourgeoisi

In depicting the most general phases of the development of the Proletariat, we traced the more or less veiled civil war

När vi skildrade de mest allmänna faserna i proletariatets utveckling, spårade vi det mer eller mindre beslöjade inbördeskriget

this civil is raging within existing society

Detta civila rasar i det existerande samhället

it will rage up to the point where that war breaks out into open revolution

Den kommer att rasa till den punkt där kriget bryter ut i en öppen revolution

and then the violent overthrow of the Bourgeoisie lays the foundation for the sway of the Proletariat

Och då lägger bourgeoisins våldsamma störtande grunden för proletariatets herravälde

Hitherto, every form of society has been based, as we have already seen, on the antagonism of oppressing and oppressed classes

Hittills har varje samhällsform grundat sig, som vi redan sett, på motsättningen mellan förtryckande och förtryckta klasser

But in order to oppress a class, certain conditions must be assured to it

Men för att förtrycka en klass måste man tillförsäkra den vissa betingelser

the class must be kept under conditions in which it can, at least, continue its slavish existence

Klassen måste hållas under sådana betingelser, att den åtminstone kan fortsätta sin slaviska existens

The serf, in the period of serfdom, raised himself to membership in the commune

Den livegne höjde sig under livegenskapens period till medlemskap i kommunen

just as the petty Bourgeoisie, under the yoke of feudal absolutism, managed to develop into a Bourgeoisie

på samma sätt som småbourgeoisin under det feodala absolutismens ok lyckades utvecklas till en bourgeoisi

The modern labourer, on the contrary, instead of rising with the progress of industry, sinks deeper and deeper

Den moderne arbetaren däremot sjunker allt djupare i stället för att stiga med industrins framsteg

he sinks below the conditions of existence of his own class

Han sjunker under sin egen klass' existensbetingelser

He becomes a pauper, and pauperism develops more rapidly than population and wealth

Han blir en fattiglapp, och fattigdomen utvecklas snabbare än befolkning och rikedom

And here it becomes evident, that the Bourgeoisie is unfit any longer to be the ruling class in society

Och här visar det sig, att bourgeoisin inte längre är lämplig att vara den härskande klassen i samhället

and it is unfit to impose its conditions of existence upon society as an over-riding law

Och den är olämplig att påtvinga samhället dess existensvillkor som en överordnad lag

It is unfit to rule because it is incompetent to assure an existence to its slave within his slavery

Den är olämplig att härska, eftersom den är oförmögen att tillförsäkra sin slav en existens i hans slaveri

because it cannot help letting him sink into such a state, that it has to feed him, instead of being fed by him

Därför att den inte kan hjälpa att den låter honom sjunka ner i ett sådant tillstånd, att den måste mata honom, i stället för att bli matad av honom

Society can no longer live under this Bourgeoisie

Samhället kan inte längre leva under denna bourgeoisi

in other words, its existence is no longer compatible with society

Med andra ord är dess existens inte längre förenlig med samhället

The essential condition for the existence, and for the sway of the Bourgeoisie class, is the formation and augmentation of capital

Den väsentliga betingelsen för bourgeoisins existens och herravälde är kapitalets bildning och tillväxt

the condition for capital is wage-labour

Kapitalets betingelse är lönearbete

Wage-labour rests exclusively on competition between the labourers

Lönearbetet vilar uteslutande på konkurrensen mellan arbetarna

The advance of industry, whose involuntary promoter is the Bourgeoisie, replaces the isolation of the labourers

Industrins framåtskridande, vars ofrivilliga främjare är bourgeoisin, ersätter arbetarnas isolering

due to competition, due to their revolutionary combination, due to association

på grund av konkurrensen, på grund av deras revolutionära kombination, på grund av associationen

The development of Modern Industry cuts from under its feet the very foundation on which the Bourgeoisie produces and appropriates products

Storindustrins utveckling rycker undan under dess fötter själva grundvalen, på vilken bourgeoisin producerar och tillägnar sig produkter

What the Bourgeoisie produces, above all, is its own grave-diggers

Vad bourgeoisin framför allt producerar är sina egna dödgrävare

The fall of the Bourgeoisie and the victory of the Proletariat are equally inevitable

Bourgeoisins fall och proletariatets seger är lika oundvikliga

Proletarians and Communists
Proletärer och kommunister

In what relation do the Communists stand to the proletarians as a whole?
I vilket förhållande står kommunisterna till proletärerna i dess helhet?

The Communists do not form a separate party opposed to other working-class parties
Kommunisterna bildar inte ett särskilt parti som står i motsättning till andra arbetarpartier

They have no interests separate and apart from those of the proletariat as a whole
De har inga intressen som är skilda från proletariatet som helhet

They do not set up any sectarian principles of their own, by which to shape and mould the proletarian movement
De ställer inte upp några egna sekteristiska principer, efter vilka de kan forma och forma den proletära rörelsen

The Communists are distinguished from the other working-class parties by only two things
Kommunisterna skiljer sig från de övriga arbetarpartierna endast genom två saker

Firstly, they point out and bring to the front the common interests of the entire proletariat, independently of all nationality
För det första framhäver de hela proletariatets gemensamma intressen och ställer dem i förgrunden, oberoende av varje nationalitet

this they do in the national struggles of the proletarians of the different countries
Detta gör de i de olika ländernas proletärers nationella kamp

Secondly, they always and everywhere represent the interests of the movement as a whole
För det andra företräder de alltid och överallt hela rörelsens intressen

this they do in the various stages of development, which the struggle of the working class against the Bourgeoisie has to pass through

Detta gör de under de olika utvecklingsstadier, som arbetarklassens kamp mot bourgeoisin måste genomgå

The Communists, therefore, are on the one hand, practically, the most advanced and resolute section of the working-class parties of every country

Kommunisterna är därför å ena sidan praktiskt taget den mest avancerade och beslutsamma delen av arbetarpartierna i varje land

they are that section of the working class which pushes forward all others

De är den del av arbetarklassen som driver fram alla andra

theoretically, they also have the advantage of clearly understanding the line of march

Teoretiskt sett har de också fördelen av att tydligt förstå marschlinjen

this they understand better compared the great mass of the proletariat

Detta förstår de bättre jämfört med den stora massan av proletariatet

they understand the conditions, and the ultimate general results of the proletarian movement

De förstår den proletära rörelsens betingelser och allmänna slutresultat

The immediate aim of the Communist is the same as that of all the other proletarian parties

Kommunisternas omedelbara mål är detsamma som alla andra proletära partiers

their aim is the formation of the proletariat into a class

Deras mål är att forma proletariatet till en klass

they aim to overthrow the Bourgeoisie supremacy

de strävar efter att störta bourgeoisins överhöghet

the strive for the conquest of political power by the proletariat

Strävan efter proletariatets erövring av den politiska makten
**The theoretical conclusions of the Communists are in no
way based on ideas or principles of reformers**
Kommunisternas teoretiska slutsatser är på intet sätt
grundade på reformatorernas idéer eller principer
**it wasn't would-be universal reformers that invented or
discovered the theoretical conclusions of the Communists**
Det var inte så kallade universella reformatorer som uppfann
eller upptäckte kommunisternas teoretiska slutsatser
**They merely express, in general terms, actual relations
springing from an existing class struggle**
De uttrycker bara i allmänna ordalag de verkliga förhållanden,
som uppstår ur den existerande klasskampen
**and they describe the historical movement going on under
our very eyes that have created this class struggle**
Och de beskriver den historiska rörelse som pågår mitt
framför ögonen på oss och som har skapat denna klasskamp
**The abolition of existing property relations is not at all a
distinctive feature of Communism**
Avskaffandet av de existerande egendomsförhållandena är
inte alls något utmärkande drag för kommunismen
**All property relations in the past have continually been
subject to historical change**
Alla egendomsförhållanden har i det förflutna ständigt varit
underkastade historiska förändringar
**and these changes were consequent upon the change in
historical conditions**
Dessa förändringar var en följd av förändringen i de historiska
förhållandena
**The French Revolution, for example, abolished feudal
property in favour of Bourgeoisie property**
Den franska revolutionen avskaffade t.ex. den feodala
egendomen till förmån för bourgeoisins egendom
**The distinguishing feature of Communism is not the
abolition of property, generally**

Det utmärkande draget för kommunismen är inte
avskaffandet av egendomen i allmänhet
**but the distinguishing feature of Communism is the
abolition of Bourgeoisie property**
Men kommunismens utmärkande drag är avskaffandet av
bourgeoisins egendom
**But modern Bourgeoisie private property is the final and
most complete expression of the system of producing and
appropriating products**
Men den moderna bourgeoisins privategendom är det slutliga
och mest fulländade uttrycket för systemet för produktion och
tillägnelse av produkter
**it is the final state of a system that is based on class
antagonisms, where class antagonism is the exploitation of
the many by the few**
Det är sluttillståndet för ett system som är baserat på
klassmotsättningar, där klassantagonismen är att de många
exploateras av ett fåtal
**In this sense, the theory of the Communists may be summed
up in the single sentence; the Abolition of private property**
I denna mening kan kommunisternas teori sammanfattas i en
enda mening; Avskaffandet av den privata egendomen
**We Communists have been reproached with the desire of
abolishing the right of personally acquiring property**
Vi kommunister har förebråtts för att vilja avskaffa rätten att
personligen förvärva egendom
**it is claimed that this property is the fruit of a man's own
labour**
Det påstås att denna egendom är frukten av en människas eget
arbete
**and this property is alleged to be the groundwork of all
personal freedom, activity and independence.**
Och denna egendom påstås vara grunden för all personlig
frihet, aktivitet och oberoende.
"Hard-won, self-acquired, self-earned property!"
"Hårt vunnen, självförvärvad, självförtjänad egendom!"

Do you mean the property of the petty artisan and of the small peasant?
Menar ni småhantverkarens och småbondens egendom?
Do you mean a form of property that preceded the Bourgeoisie form?
Menar ni en egendomsform, som föregick bourgeoisins form?
There is no need to abolish that, the development of industry has to a great extent already destroyed it
Det finns ingen anledning att avskaffa detta, industrins utveckling har till stor del redan förstört den
and development of industry is still destroying it daily
Och industrins utveckling förstör den fortfarande dagligen
Or do you mean modern Bourgeoisie private property?
Eller menar ni den moderna bourgeoisins privategendom?
But does wage-labour create any property for the labourer?
Men skapar lönarbetet någon egendom för arbetaren?
no, wage labour creates not one bit of this kind of property!
Nej, lönearbetet skapar inte ett enda stycke av denna egendom!
what wage labour does create is capital; that kind of property which exploits wage-labour
Vad lönearbetet däremot skapar är kapital; den sorts egendom som exploaterar lönarbetet
capital cannot increase except upon condition of begetting a new supply of wage-labour for fresh exploitation
Kapitalet kan inte växa annat än under förutsättning att det frambringar ett nytt utbud av lönarbete för ny exploatering
Property, in its present form, is based on the antagonism of capital and wage-labour
Egendomen i sin nuvarande form är grundad på motsättningen mellan kapital och lönarbete
Let us examine both sides of this antagonism
Låt oss undersöka båda sidorna av denna antagonism
To be a capitalist is to have not only a purely personal status
Att vara kapitalist är inte bara att ha en rent personlig status

instead, to be a capitalist is also to have a social status in production

Att vara kapitalist är istället att också ha en social status i produktionen

because capital is a collective product; only by the united action of many members can it be set in motion

därför att kapitalet är en kollektiv produkt; Endast genom en enad aktion av många medlemmar kan den sättas i rörelse

but this united action is a last resort, and actually requires all members of society

Men denna enade aktion är en sista utväg och kräver i själva verket alla samhällsmedlemmar

Capital does get converted into the property of all members of society

Kapitalet förvandlas till alla samhällsmedlemmars egendom

but Capital is, therefore, not a personal power; it is a social power

men Kapitalet är därför inte en personlig makt; Det är en social makt

so when capital is converted into social property, personal property is not thereby transformed into social property

När alltså kapitalet förvandlas till samhällelig egendom, förvandlas därmed inte den personliga egendomen till samhällelig egendom

It is only the social character of the property that is changed, and loses its class-character

Det är endast egendomens samhälleliga karaktär som förändras och förlorar sin klasskaraktär

Let us now look at wage-labour

Låt oss nu se på lönearbetet

The average price of wage-labour is the minimum wage, i.e., that quantum of the means of subsistence

Lönarbetets genomsnittspris är minimilönen, d.v.s. mängden livsförnödenheter

this wage is absolutely requisite in bare existence as a labourer

Denna lön är absolut nödvändig för att kunna existera som arbetare

What, therefore, the wage-labourer appropriates by means of his labour, merely suffices to prolong and reproduce a bare existence

Vad lönarbetaren tillägnar sig genom sitt arbete, är alltså bara tillräckligt för att förlänga och reproducera en ren existens

We by no means intend to abolish this personal appropriation of the products of labour

Vi har ingalunda för avsikt att avskaffa denna personliga tillägnelse av arbetets produkter

an appropriation that is made for the maintenance and reproduction of human life

ett anslag som görs för underhåll och reproduktion av mänskligt liv

such personal appropriation of the products of labour leave no surplus wherewith to command the labour of others

En sådan personlig tillägnelse av arbetsprodukterna lämnar inget överskott, varmed det kan kommendera andras arbete

All that we want to do away with, is the miserable character of this appropriation

Det enda vi vill göra oss av med är den eländiga karaktären av detta tillägnande

the appropriation under which the labourer lives merely to increase capital

den tillägnelse, under vilken arbetaren lever blott för att öka kapitalet

he is allowed to live only in so far as the interest of the ruling class requires it

Han får bara leva i den mån det ligger i den härskande klassens intresse

In Bourgeoisie society, living labour is but a means to increase accumulated labour

I det borgerliga samhället är det levande arbetet endast ett medel att öka det ackumulerade arbetet

In Communist society, accumulated labour is but a means to
widen, to enrich, to promote the existence of the labourer
I det kommunistiska samhället är det ackumulerade arbetet
endast ett medel att utvidga, berika och befordra arbetarens
existens
In Bourgeoisie society, therefore, the past dominates the
present
I det borgerliga samhället behärskar därför det förflutna det
närvarande
in Communist society the present dominates the past
I det kommunistiska samhället dominerar nuet över det
förflutna
In Bourgeoisie society capital is independent and has
individuality
I bourgeoisin är kapitalet oavhängigt och har individualitet
In Bourgeoisie society the living person is dependent and
has no individuality
I det borgerliga samhället är den levande människan avhängig
och har ingen individualitet
And the abolition of this state of things is called by the
Bourgeoisie, abolition of individuality and freedom!
Och avskaffandet av detta sakernas tillstånd kallas av
bourgeoisin för avskaffande av individualiteten och friheten!
And it is rightly called the abolition of individuality and
freedom!
Och det kallas med rätta avskaffandet av individualitet och
frihet!
Communism aims for the abolition of Bourgeoisie
individuality
Kommunismen strävar efter att avskaffa bourgeoisins
individualitet
Communism intends for the abolition of Bourgeoisie
independence
Kommunismen strävar efter att avskaffa bourgeoisins
självständighet

Bourgeoisie freedom is undoubtedly what communism is aiming at

Bourgeoisins frihet är otvivelaktigt vad kommunismen strävar efter

under the present Bourgeoisie conditions of production, freedom means free trade, free selling and buying

Under de nuvarande produktionsförhållandena betyder frihet fri handel, fri försäljning och fritt köp

But if selling and buying disappears, free selling and buying also disappears

Men om säljandet och köpandet försvinner, försvinner också det fria säljandet och köpandet

"brave words" by the Bourgeoisie about free selling and buying only have meaning in a limited sense

Bourgeoisins "modiga ord" om fri försäljning och köp har bara betydelse i begränsad bemärkelse

these words have meaning only in contrast with restricted selling and buying

Dessa ord har betydelse endast i motsats till begränsad försäljning och köp

and these words have meaning only when applied to the fettered traders of the Middle Ages

Dessa ord har betydelse endast när de tillämpas på medeltidens fjättrade köpmän

and that assumes these words even have meaning in a Bourgeoisie sense

och detta förutsätter att dessa ord till och med har betydelse i borgerlig mening

but these words have no meaning when they're being used to oppose the Communistic abolition of buying and selling

Men dessa ord har ingen betydelse när de används för att motsätta sig det kommunistiska avskaffandet av köp och försäljning

the words have no meaning when they're being used to oppose the Bourgeoisie conditions of production being abolished

Orden har ingen betydelse när de används för att motsätta sig
att bourgeoisins produktionsvillkor avskaffas

**and they have no meaning when they're being used to
oppose the Bourgeoisie itself being abolished**

och de har ingen mening när de används för att motsätta sig
att bourgeoisin själv avskaffas

**You are horrified at our intending to do away with private
property**

Ni är förfärade över att vi har för avsikt att göra oss av med
den privata egendomen

**But in your existing society, private property is already done
away with for nine-tenths of the population**

Men i ert nuvarande samhälle är privategendomen redan
avskaffad för nio tiondelar av befolkningen

**the existence of private property for the few is solely due to
its non-existence in the hands of nine-tenths of the
population**

Existensen av privat egendom för ett fåtal beror enbart på att
den inte existerar i händerna på nio tiondelar av befolkningen

**You reproach us, therefore, with intending to do away with a
form of property**

Ni förebrår oss därför för att vilja avskaffa en form av
egendom

**but private property necessitates the non-existence of any
property for the immense majority of society**

Men privategendomen nödvändiggör att det för den
överväldigande majoriteten i samhället inte finns någon som
helst egendom

**In one word, you reproach us with intending to do away
with your property**

Med ett ord: Ni förebrår oss för att vilja göra oss av med er
egendom

**And it is precisely so; doing away with your Property is just
what we intend**

Och det är precis så; Att göra sig av med din egendom är
precis vad vi avser

From the moment when labour can no longer be converted into capital, money, or rent

Från det ögonblick, då arbetet inte längre kan förvandlas till kapital, pengar eller jordränta

when labour can no longer be converted into a social power capable of being monopolised

när arbetet inte längre kan förvandlas till en samhällelig makt som kan monopoliseras

from the moment when individual property can no longer be transformed into Bourgeoisie property

från det ögonblick, då den enskilda egendomen inte längre kan förvandlas till bourgeoisins egendom

from the moment when individual property can no longer be transformed into capital

från det ögonblick, då den individuella egendomen inte längre kan förvandlas till kapital

from that moment, you say individuality vanishes

Från det ögonblicket säger du att individualiteten försvinner

You must, therefore, confess that by "individual" you mean no other person than the Bourgeoisie

Ni måste därför erkänna, att ni med "individ" inte menar någon annan än bourgeoisin

you must confess it specifically refers to the middle-class owner of property

Du måste erkänna att det specifikt hänvisar till medelklassens ägare av egendom

This person must, indeed, be swept out of the way, and made impossible

Denna person måste sannerligen sopas ur vägen och göras omöjlig

Communism deprives no man of the power to appropriate the products of society

Kommunismen berövar ingen människa förmågan att tillägna sig samhällets produkter

all that Communism does is to deprive him of the power to subjugate the labour of others by means of such appropriation

Det enda kommunismen gör är att beröva honom förmågan att underkuva andras arbete genom sådan tillägnelse

It has been objected that upon the abolition of private property all work will cease

Man har invänt, att om privategendomen avskaffas kommer allt arbete att upphöra

and it is then suggested that universal laziness will overtake us

Och det antyds då att den universella lättjan kommer att ta överhanden

According to this, Bourgeoisie society ought long ago to have gone to the dogs through sheer idleness

Enligt detta borde det borgerliga samhället för länge sedan ha gått under av ren lättja

because those of its members who work, acquire nothing

ty de av dess medlemmar som arbetar, förvärvar ingenting

and those of its members who acquire anything, do not work

och de av dess medlemmar som förvärvar något, arbetar inte

The whole of this objection is but another expression of the tautology

Hela denna invändning är bara ett annat uttryck för tautologin

there can no longer be any wage-labour when there is no longer any capital

Det kan inte längre finnas något lönarbete, när det inte längre finns något kapital

there is no difference between material products and mental products

Det är ingen skillnad mellan materiella produkter och mentala produkter

communism proposes both of these are produced in the same way

Kommunismen föreslår att båda dessa produceras på samma sätt

but the objections against the Communistic modes of producing these are the same
Men invändningarna mot de kommunistiska produktionssätten är desamma
to the Bourgeoisie the disappearance of class property is the disappearance of production itself
För bourgeoisin är klassegendomens försvinnande detsamma som själva produktionens försvinnande
so the disappearance of class culture is to him identical with the disappearance of all culture
Klasskulturens försvinnande är alltså för honom detsamma som all kulturs försvinnande
That culture, the loss of which he laments, is for the enormous majority a mere training to act as a machine
Denna kultur, vars förlust han beklagar, är för det överväldigande flertalet bara en träning i att agera som en maskin
Communists very much intend to abolish the culture of Bourgeoisie property
Kommunisterna har i hög grad för avsikt att avskaffa den borgerliga egendomens kultur
But don't wrangle with us so long as you apply the standard of your Bourgeoisie notions of freedom, culture, law, etc
Men gräla inte med oss, så länge ni tillämpar måttstocken för er bourgeoisi, föreställningar om frihet, kultur, lag o.s.v
Your very ideas are but the outgrowth of the conditions of your Bourgeoisie production and Bourgeoisie property
Själva era idéer är bara en följd av betingelserna för er bourgeoisiproduktion och bourgeoisiegendom
just as your jurisprudence is but the will of your class made into a law for all
På samma sätt som er rättsvetenskap endast är er klass' vilja gjord till en lag för alla
the essential character and direction of this will are determined by the economical conditions your social class create

Den väsentliga karaktären och inriktningen av denna vilja
bestäms av de ekonomiska betingelser som er samhällsklass
skapar

**The selfish misconception that induces you to transform
social forms into eternal laws of nature and of reason**

Den själviska missuppfattning som förmår dig att förvandla
sociala former till eviga natur- och förnuftslagar

**the social forms springing from your present mode of
production and form of property**

de samhälleliga former, som framspringer ur ert nuvarande
produktionssätt och egendomsform

**historical relations that rise and disappear in the progress of
production**

Historiska förhållanden, som uppstår och försvinner under
produktionens gång

**this misconception you share with every ruling class that has
preceded you**

Denna missuppfattning delar ni med varje härskande klass
som har föregått er

**What you see clearly in the case of ancient property, what
you admit in the case of feudal property**

Vad ni ser klart i fråga om den antika egendomen, vad ni
erkänner i fråga om den feodala egendomen

**these things you are of course forbidden to admit in the case
of your own Bourgeoisie form of property**

Detta är ni naturligtvis förbjudna att erkänna i fråga om er
egen bourgeoisi, som egendomsform

**Abolition of the family! Even the most radical flare up at
this infamous proposal of the Communists**

Avskaffande av familjen! Till och med de mest radikala blir
upprörda över detta skändliga förslag från kommunisterna

**On what foundation is the present family, the Bourgeoisie
family, based?**

På vilken grundval vilar den nuvarande familjen,
bourgeoisifamiljen?

**the foundation of the present family is based on capital and
private gain**
Grunden för den nuvarande familjen bygger på kapital och
privat vinning
**In its completely developed form this family exists only
among the Bourgeoisie**
I sin fullt utvecklade form existerar denna familj endast inom
bourgeoisin
**this state of things finds its complement in the practical
absence of the family among the proletarians**
Detta sakernas tillstånd finner sin motsvarighet i den
praktiska frånvaron av familjen bland proletärerna
this state of things can be found in public prostitution
Detta sakernas tillstånd återfinns i den offentliga
prostitutionen
**The Bourgeoisie family will vanish as a matter of course
when its complement vanishes**
Bourgeoisifamiljen kommer att försvinna som en självklarhet,
när dess komplement försvinner
**and both of these will will vanish with the vanishing of
capital**
Och båda dessa kommer att försvinna med kapitalets
försvinnande
**Do you charge us with wanting to stop the exploitation of
children by their parents?**
Anklagar ni oss för att vilja stoppa föräldrarnas utnyttjande av
barn?
To this crime we plead guilty
Vi erkänner oss skyldiga till detta brott
**But, you will say, we destroy the most hallowed of relations,
when we replace home education by social education**
Men, kommer ni att säga, vi förstör de heligaste av relationer,
när vi ersätter hemuppfostran med social uppfostran
**is your education not also social? And is it not determined
by the social conditions under which you educate?**

Är inte din utbildning också social? Och bestäms den inte av
de sociala förhållanden under vilka ni utbildar er?
**by the intervention, direct or indirect, of society, by means
of schools, etc.**
genom direkt eller indirekt ingripande av samhället, genom
skolor o.s.v.
**The Communists have not invented the intervention of
society in education**
Kommunisterna har inte uppfunnit samhällets inblandning i
uppfostran
they do but seek to alter the character of that intervention
De syftar endast till att ändra karaktären på detta ingripande
**and they seek to rescue education from the influence of the
ruling class**
Och de försöker rädda utbildningen från den härskande
klassens inflytande
**The Bourgeoisie talk of the hallowed co-relation of parent
and child**
Bourgeoisin talar om det helgade förhållandet mellan förälder
och barn
**but this clap-trap about the family and education becomes
all the more disgusting when we look at Modern Industry**
Men detta klyschor om familjen och uppfostran blir ännu mer
motbjudande när vi ser på den moderna industrin
**all family ties among the proletarians are torn asunder by
modern industry**
Alla familjeband bland proletärerna slits sönder av
storindustrin
**their children are transformed into simple articles of
commerce and instruments of labour**
Deras barn förvandlas till enkla handelsvaror och arbetsmedel
**But you Communists would create a community of women,
screams the whole Bourgeoisie in chorus**
Men ni kommunister skulle skapa en gemenskap av kvinnor,
skriker hela bourgeoisin i kör

The Bourgeoisie sees in his wife a mere instrument of production
Bourgeoisin ser i hans hustru blott och bart ett produktionsinstrument
He hears that the instruments of production are to be exploited by all
Han hör att produktionsinstrumenten skall exploateras av alla
and, naturally, he can come to no other conclusion than that the lot of being common to all will likewise fall to women
Och naturligtvis kan han inte komma till någon annan slutsats än att lotten att vara gemensam för alla också kommer att falla på kvinnorna
He has not even a suspicion that the real point is to do away with the status of women as mere instruments of production
Han har inte ens en aning om att det i själva verket handlar om att avskaffa kvinnans ställning som blott och bart produktionsinstrument
For the rest, nothing is more ridiculous than the virtuous indignation of our Bourgeoisie at the community of women
För övrigt finns det ingenting löjligare än vår bourgeoisis dygdiga indignation över kvinnornas gemenskap
they pretend it is to be openly and officially established by the Communists
de låtsas att den är öppet och officiellt upprättad av kommunisterna
The Communists have no need to introduce community of women, it has existed almost from time immemorial
Kommunisterna har inget behov av att införa en kvinnogemenskap, den har funnits nästan sedan urminnes tider
Our Bourgeoisie are not content with having the wives and daughters of their proletarians at their disposal
Vår bourgeoisi nöjer sig inte med att ha sina proletärers hustrur och döttrar till sitt förfogande
they take the greatest pleasure in seducing each other's wives

De finner det största nöje i att förföra varandras fruar
and that is not even to speak of common prostitutes
Och då har vi inte ens nämnt vanliga prostituerade
Bourgeoisie marriage is in reality a system of wives in common
Bourgeoisins äktenskap är i själva verket ett system av gemensamma hustrur
then there is one thing that the Communists might possibly be reproached with
så finns det en sak som kommunisterna möjligen skulle kunna förebrås för
they desire to introduce an openly legalised community of women
De vill införa en öppet legaliserad gemenskap av kvinnor
rather than a hypocritically concealed community of women
snarare än en hycklande dold gemenskap av kvinnor
the community of women springing from the system of production
Kvinnornas gemenskap som växer fram ur produktionssystemet
abolish the system of production, and you abolish the community of women
Avskaffa produktionssystemet, och ni avskaffar kvinnornas gemenskap
both public prostitution is abolished, and private prostitution
både den offentliga prostitutionen avskaffas och den privata prostitutionen
The Communists are further more reproached with desiring to abolish countries and nationality
Kommunisterna förebrås dessutom mer för att vilja avskaffa länder och nationaliteter
The working men have no country, so we cannot take from them what they have not got
De arbetande har inget land, så vi kan inte ta ifrån dem vad de inte har

the proletariat must first of all acquire political supremacy
Proletariatet måste först och främst erövra det politiska
herraväldet
the proletariat must rise to be the leading class of the nation
Proletariatet måste resa sig till att bli den ledande klassen i
nationen
the proletariat must constitute itself the nation
Proletariatet måste konstituera sig som nation
**it is, so far, itself national, though not in the Bourgeoisie
sense of the word**
Den är än så länge själv nationell, om än inte i bourgeoisins
betydelse
**National differences and antagonisms between peoples are
daily more and more vanishing**
Nationella skillnader och motsättningar mellan folken
försvinner mer och mer för varje dag
**owing to the development of the Bourgeoisie, to freedom of
commerce, to the world-market**
på grund av bourgeoisins utveckling, på grund av handelns
frihet, på världsmarknaden
**to uniformity in the mode of production and in the
conditions of life corresponding thereto**
till likformighet i produktionssättet och de levnadsbetingelser
som motsvarar detta
**The supremacy of the proletariat will cause them to vanish
still faster**
Proletariatets överhöghet kommer att få dem att försvinna
ännu snabbare
**United action, of the leading civilised countries at least, is
one of the first conditions for the emancipation of the
proletariat**
Enad aktion, åtminstone av de ledande civiliserade länderna,
är en av de första betingelserna för proletariatets frigörelse
**In proportion as the exploitation of one individual by
another is put an end to, the exploitation of one nation by
another will also be put an end to**

I samma mån som det blir ett slut på den ena individens utsugning av en annan, så kommer också den ena nationens utsugning av den andra att upphöra

In proportion as the antagonism between classes within the nation vanishes, the hostility of one nation to another will come to an end

I samma mån som motsättningen mellan klasserna inom nationen försvinner, kommer den ena nationens fiendskap mot den andra att upphöra

The charges against Communism made from a religious, a philosophical, and, generally, from an ideological standpoint, are not deserving of serious examination

De anklagelser mot kommunismen som riktas från religiös, filosofisk och allmän synpunkt från ideologisk ståndpunkt förtjänar inte att undersökas på allvar

Does it require deep intuition to comprehend that man's ideas, views and conceptions changes with every change in the conditions of his material existence?

Krävs det en djup intuition för att förstå att människans idéer, åsikter och föreställningar förändras med varje förändring i villkoren för hennes materiella existens?

is it not obvious that man's consciousness changes when his social relations and his social life changes?

Är det inte uppenbart, att människans medvetande förändras, när hennes sociala förhållanden och hennes sociala liv förändras?

What else does the history of ideas prove, than that intellectual production changes its character in proportion as material production is changed?

Vad bevisar idéhistorien annat än att den andliga produktionen ändrar karaktär i samma mån som den materiella produktionen förändras?

The ruling ideas of each age have ever been the ideas of its ruling class

De härskande idéerna i varje tidsålder har alltid varit den härskande klassens idéer

When people speak of ideas that revolutionise society, they do but express one fact

När människor talar om idéer som revolutionerar samhället, uttrycker de bara ett faktum

within the old society, the elements of a new one have been created

Inom det gamla samhället har elementen till ett nytt skapats

and that the dissolution of the old ideas keeps even pace with the dissolution of the old conditions of existence

Och att upplösningen av de gamla idéerna håller jämna steg med upplösningen av de gamla existensförhållandena

When the ancient world was in its last throes, the ancient religions were overcome by Christianity

När den antika världen befann sig i sina sista våndor, besegrades de gamla religionerna av kristendomen

When Christian ideas succumbed in the 18th century to rationalist ideas, feudal society fought its death battle with the then revolutionary Bourgeoisie

När de kristna idéerna på 1700-talet dukade under för rationalistiská idéer, utkämpade det feodala samhället sin dödskamp mot den då revolutionära bourgeoisin

The ideas of religious liberty and freedom of conscience merely gave expression to the sway of free competition within the domain of knowledge

Idéerna om religionsfrihet och samvetsfrihet gav endast uttryck för den fria konkurrensens herravälde på kunskapens område

"Undoubtedly," it will be said, "religious, moral, philosophical and juridical ideas have been modified in the course of historical development"

"Otvivelaktigt", kommer det att sägas, "har religiösa, moraliska, filosofiska och juridiska idéer modifierats under den historiska utvecklingens gång"

"But religion, morality philosophy, political science, and law, constantly survived this change"

"Men religionen, moralfilosofin, statsvetenskapen och juridiken har ständigt överlevt denna förändring."

"There are also eternal truths, such as Freedom, Justice, etc"
"Det finns också eviga sanningar, såsom Frihet, Rättvisa, etc."

"these eternal truths are common to all states of society"
"Dessa eviga sanningar är gemensamma för alla samhällstillstånd"

"But Communism abolishes eternal truths, it abolishes all religion, and all morality"
"Men kommunismen upphäver de eviga sanningarna, den upphäver all religion och all moral."

"it does this instead of constituting them on a new basis"
"Den gör detta i stället för att konstituera dem på en ny grundval"

"it therefore acts in contradiction to all past historical experience"
"Den handlar därför i motsättning till all tidigare historisk erfarenhet"

What does this accusation reduce itself to?
Vad reduceras denna anklagelse till?

The history of all past society has consisted in the development of class antagonisms
Hela det hittillsvarande samhällets historia har bestått i utvecklandet av klassmotsättningar

antagonisms that assumed different forms at different epochs
motsättningar, som antog olika former under olika epoker

But whatever form they may have taken, one fact is common to all past ages
Men vilken form de än må ha tagit, är ett faktum gemensamt för alla gångna tidsåldrar

the exploitation of one part of society by the other
den ena delen av samhället exploaterades av den andra

No wonder, then, that the social consciousness of past ages moves within certain common forms, or general ideas

Det är alltså inte att undra på, att gångna tiders sociala medvetande rör sig inom vissa gemensamma former eller allmänna idéer

(and that is despite all the multiplicity and variety it displays)

(och det är trots all den mångfald och variation som den visar)

and these cannot completely vanish except with the total disappearance of class antagonisms

Och dessa kan inte försvinna helt och hållet utan att klassmotsättningarna helt och hållet försvinner

The Communist revolution is the most radical rupture with traditional property relations

Den kommunistiska revolutionen är den mest radikala brytningen med de traditionella egendomsförhållandena

no wonder that its development involves the most radical rupture with traditional ideas

Det är inte att undra på att dess utveckling innebär den mest radikala brytning med de traditionella idéerna

But let us have done with the Bourgeoisie objections to Communism

Men låt oss sluta med bourgeoisins invändningar mot kommunismen

We have seen above the first step in the revolution by the working class

Vi har ovan sett arbetarklassens första steg i revolutionen

proletariat has to be raised to the position of ruling, to win the battle of democracy

Proletariatet måste upphöjas till härskare för att vinna kampen om demokratin

The proletariat will use its political supremacy to wrest, by degrees, all capital from the Bourgeoisie

Proletariatet kommer att använda sin politiska överhöghet till att undan för undan rycka allt kapital från bourgeoisin

it will centralise all instruments of production in the hands of the State

Den kommer att centralisera alla produktionsinstrument i
statens händer
in other words, the proletariat organised as the ruling class
Med andra ord, proletariatet organiserat sig som den
härskande klassen
and it will increase the total of productive forces as rapidly
as possible
Och den kommer att öka summan av produktivkrafterna så
snabbt som möjligt
Of course, in the beginning, this cannot be effected except
by means of despotic inroads on the rights of property
Till en början kan detta naturligtvis inte åstadkommas annat
än genom despotiska ingrepp i äganderätten
and it has to be achieved on the conditions of Bourgeoisie
production
Och det måste ske på bourgeoisins produktionsbetingelser
it is achieved by means of measures, therefore, which appear
economically insufficient and untenable
Det uppnås därför med hjälp av åtgärder som framstår som
ekonomiskt otillräckliga och ohållbara
but these means, in the course of the movement, outstrip
themselves
Men dessa medel överträffar sig själva under rörelsens gång
they necessitate further inroads upon the old social order
De nödvändiggör ytterligare ingrepp i den gamla
samhällsordningen
and they are unavoidable as a means of entirely
revolutionising the mode of production
Och de är oundvikliga som ett medel att fullständigt
revolutionera produktionssättet
These measures will of course be different in different
countries
Dessa åtgärder kommer naturligtvis att se olika ut i olika
länder
Nevertheless in the most advanced countries, the following
will be pretty generally applicable

Icke desto mindre torde i de mest framskridna länderna
följande vara tämligen allmängiltigt tillämpligt

1. Abolition of property in land and application of all rents of land to public purposes.

1. Avskaffande av äganderätten till jorden och användning av all jordränta för offentliga ändamål.

2. A heavy progressive or graduated income tax.

2. En tung progressiv eller progressiv inkomstskatt.

3. Abolition of all right of inheritance.

3. Avskaffande av all arvsrätt.

4. Confiscation of the property of all emigrants and rebels.

4. Konfiskering av alla emigranters och rebellers egendom.

5. Centralisation of credit in the hands of the State, by means of a national bank with State capital and an exclusive monopoly.

5. Centralisering av krediten i statens händer, med hjälp av en nationell bank med statligt kapital och ett exklusivt monopol.

6. Centralisation of the means of communication and transport in the hands of the State.

6. Centralisering av kommunikations- och transportmedlen i statens händer.

7. Extension of factories and instruments of production owned by the State

7. Utvidgning av fabriker och produktionsinstrument som ägs av staten

the bringing into cultivation of waste-lands, and the improvement of the soil generally in accordance with a common plan.

uppodling av ödemark och förbättring av jorden i allmänhet i enlighet med en gemensam plan.

8. Equal liability of all to labour

8. Lika ansvar för alla gentemot arbetet

Establishment of industrial armies, especially for agriculture.

Upprättande av industriella arméer, särskilt för jordbruket.

9. Combination of agriculture with manufacturing industries

9. Kombination av jordbruk och tillverkningsindustri
gradual abolition of the distinction between town and country, by a more equable distribution of the population over the country.
Gradvis avskaffande av skillnaden mellan stad och landsbygd genom en jämnare fördelning av befolkningen över landet.
10. Free education for all children in public schools.
10. Gratis utbildning för alla barn i offentliga skolor.
Abolition of children's factory labour in its present form
Avskaffande av fabriksarbete för barn i dess nuvarande form
Combination of education with industrial production
Kombination av utbildning med industriell produktion
When, in the course of development, class distinctions have disappeared
När klasskillnaderna under utvecklingens gång har försvunnit
and when all production has been concentrated in the hands of a vast association of the whole nation
Och när all produktion har koncentrerats i händerna på en stor sammanslutning av hela nationen
then the public power will lose its political character
Då kommer den offentliga makten att förlora sin politiska karaktär
Political power, properly so called, is merely the organised power of one class for oppressing another
Den politiska makten i egentlig mening är blott en klass' organiserade makt för att förtrycka en annan
If the proletariat during its contest with the Bourgeoisie is compelled, by the force of circumstances, to organise itself as a class
Om proletariatet i sin kamp mot bourgeoisin på grund av omständigheternas makt tvingas att organisera sig som klass
if, by means of a revolution, it makes itself the ruling class
om den genom en revolution gör sig själv till härskande klass
and, as such, it sweeps away by force the old conditions of production

Och som sådan sopar den med våld bort de gamla
produktionsförhållandena
**then it will, along with these conditions, have swept away
the conditions for the existence of class antagonisms and of
classes generally**
Då kommer den tillsammans med dessa betingelser att ha
sopat bort betingelserna för förekomsten av
klassmotsättningar och klasser överhuvudtaget
**and will thereby have abolished its own supremacy as a
class.**
och kommer därmed att ha upphävt sin egen överhöghet som
klass.
**In place of the old Bourgeoisie society, with its classes and
class antagonisms, we shall have an association**
I stället för det gamla bourgeoisisamhället med dess klasser
och klassmotsättningar kommer vi att få en sammanslutning
**an association in which the free development of each is the
condition for the free development of all**
en sammanslutning, i vilken vars och ens fria utveckling är
förutsättningen för allas fria utveckling

1) Reactionary Socialism
1) Den reaktionära socialismen

a) Feudal Socialism
a) Den feodala socialismen

the aristocracies of France and England had a unique historical position
Frankrikes och Englands aristokratier hade en unik historisk ställning
it became their vocation to write pamphlets against modern Bourgeoisie society
Det blev deras kall att skriva pamfletter mot det moderna borgerliga samhället
In the French revolution of July 1830, and in the English reform agitation
I den franska julirevolutionen 1830 och i den engelska reformagitationen
these aristocracies again succumbed to the hateful upstart
Dessa aristokratier dukade åter under för den förhatliga uppkomlingen
Thenceforth, a serious political contest was altogether out of the question
Från och med nu var en allvarlig politisk strid helt utesluten
All that remained possible was literary battle, not an actual battle
Det enda som återstod var en litterär strid, inte en verklig strid
But even in the domain of literature the old cries of the restoration period had become impossible
Men även på litteraturens område hade restaurationstidens gamla rop blivit omöjliga
In order to arouse sympathy, the aristocracy were obliged to lose sight, apparently, of their own interests
För att väcka sympati var aristokratin tvungen att till synes förlora sina egna intressen ur sikte

and they were obliged to formulate their indictment against the Bourgeoisie in the interest of the exploited working class

Och de var tvungna att formulera sina anklagelser mot bourgeoisin i den exploaterade arbetarklassens intresse

Thus the aristocracy took their revenge by singing lampoons on their new master

På så sätt hämnades aristokratin genom att sjunga skällsord över sin nye herre

and they took their revenge by whispering in his ears sinister prophecies of coming catastrophe

Och de hämnades genom att viska i hans öron ondskefulla profetior om en kommande katastrof

In this way arose Feudal Socialism: half lamentation, half lampoon

På detta sätt uppstod den feodala socialismen: till hälften klagosång, till hälften smädeskrift

it rung as half echo of the past, and projected half menace of the future

Den klingade som till hälften ett eko av det förflutna och som ett halvt hot mot framtiden

at times, by its bitter, witty and incisive criticism, it struck the Bourgeoisie to the very heart's core

Ibland träffade den bourgeoisin i hjärtat genom sin bittra, kvicka och skarpa kritik

but it was always ludicrous in its effect, through total incapacity to comprehend the march of modern history

Men den var alltid löjlig i sin verkan, genom den totala oförmågan att förstå den moderna historiens gång

The aristocracy, in order to rally the people to them, waved the proletarian alms-bag in front for a banner

För att samla folket till sig viftade aristokratin, med den proletära allmosepåsen framför sig som en fana

But the people, so often as it joined them, saw on their hindquarters the old feudal coats of arms

Men folket, så ofta det slöt sig till dem, såg på sina bakdelar de gamla feodala vapnen

and they deserted with loud and irreverent laughter

Och de gav sig av under högljutt och vanvördigt skratt

One section of the French Legitimists and "Young England" exhibited this spectacle

En del av de franska legitimisterna och "det unga England" uppvisade detta skådespel

the feudalists pointed out that their mode of exploitation was different to that of the Bourgeoisie

feodalherrarna påpekade, att deras utsugningssätt var ett annat än bourgeoisins

the feudalists forget that they exploited under circumstances and conditions that were quite different

Feodalismerna glömmer, att de exploaterade under helt andra omständigheter och betingelser

and they didn't notice such methods of exploitation are now antiquated

Och de märkte inte att sådana exploateringsmetoder nu är föråldrade

they showed that, under their rule, the modern proletariat never existed

De visade, att det moderna proletariatet aldrig existerat under deras herravälde

but they forget that the modern Bourgeoisie is the necessary offspring of their own form of society

Men de glömmer, att den moderna bourgeoisin är den nödvändiga avkomman av deras egen samhällsform

For the rest, they hardly conceal the reactionary character of their criticism

För övrigt döljer de knappast den reaktionära karaktären av sin kritik

their chief accusation against the Bourgeoisie amounts to the following

Deras huvudbeskyllning mot bourgeoisin går ut på följande sätt

under the Bourgeoisie regime a social class is being developed

Under bourgeoisins regim håller en samhällsklass på att
utvecklas
**this social class is destined to cut up root and branch the old
order of society**
Denna samhällsklass är förutbestämd att hugga upp den
gamla samhällsordningen med rötter och grenar
**What they upbraid the Bourgeoisie with is not so much that
it creates a proletariat**
Vad de förebrår bourgeoisin är inte så mycket att det skapar
ett proletariat
**what they upbraid the Bourgeoisie with is moreso that it
creates a revolutionary proletariat**
vad de förebrår bourgeoisin med är snarare att den skapar ett
revolutionärt proletariat
**In political practice, therefore, they join in all coercive
measures against the working class**
I den politiska praktiken deltar de därför i alla tvångsåtgärder
mot arbetarklassen
**and in ordinary life, despite their highfalutin phrases, they
stoop to pick up the golden apples dropped from the tree of
industry**
Och i det vanliga livet böjer de sig, trots sina högtravande
fraser, ner för att plocka upp de gyllene äpplen som fallit från
industrins träd
**and they barter truth, love, and honour for commerce in
wool, beetroot-sugar, and potato spirits**
Och de byter sanning, kärlek och ära mot handel med ull,
rödbetssocker och potatisbrännvin
**As the parson has ever gone hand in hand with the landlord,
so has Clerical Socialism with Feudal Socialism**
Liksom prästen alltid har gått hand i hand med godsägaren, så
har den klerikala socialismen gått hand i hand med den
feodala socialismen
**Nothing is easier than to give Christian asceticism a Socialist
tinge**

Ingenting är lättare än att ge den kristna asketismen en socialistisk anstrykning

Has not Christianity declaimed against private property, against marriage, against the State?

Har inte kristendomen deklamerat mot privategendomen, mot äktenskapet, mot staten?

Has Christianity not preached in the place of these, charity and poverty?

Har inte kristendomen i stället för dessa predikat kärlek och fattigdom?

Does Christianity not preach celibacy and mortification of the flesh, monastic life and Mother Church?

Predikar inte kristendomen celibatet och köttets späkning, klosterlivet och moderkyrkan?

Christian Socialism is but the holy water with which the priest consecrates the heart-burnings of the aristocrat

Den kristna socialismen är inget annat än det vigvatten, med vilket prästen helgar aristokratens brinnande hjärtan

b) Petty-Bourgeois Socialism
b) Den småborgerliga socialismen

The feudal aristocracy was not the only class that was ruined by the Bourgeoisie
Den feodala aristokratin var inte den enda klass som ruinerades av bourgeoisin
it was not the only class whose conditions of existence pined and perished in the atmosphere of modern Bourgeoisie society
Det var inte den enda klass, vars livsbetingelser tynade bort och gick under i det moderna borgerliga samhällets atmosfär
The medieval burgesses and the small peasant proprietors were the precursors of the modern Bourgeoisie
De medeltida borgarna och de självägande småbönderna var förelöpare till den moderna bourgeoisin
In those countries which are but little developed, industrially and commercially, these two classes still vegetate side by side
I de länder, som är föga utvecklade, industriellt och kommersiellt, vegeterar dessa båda klasser ännu sida vid sida
and in the meantime the Bourgeoisie rise up next to them: industrially, commercially, and politically
Och under tiden reser sig bourgeoisin bredvid dem: industriellt, kommersiellt och politiskt
In countries where modern civilisation has become fully developed, a new class of petty Bourgeoisie has been formed
I de länder, där den moderna civilisationen är fullt utvecklad, har en ny klass av småbourgeoisi bildats
this new social class fluctuates between proletariat and Bourgeoisie
Denna nya samhällsklass pendlar mellan proletariat och bourgeoisi
and it is ever renewing itself as a supplementary part of Bourgeoisie society

Och den förnyar sig ständigt som en kompletterande del av
det borgerliga samhället

**The individual members of this class, however, are being
constantly hurled down into the proletariat**

Men de enskilda medlemmarna av denna klass slungas
ständigt ner i proletariatet

**they are sucked up by the proletariat through the action of
competition**

De sugs upp av proletariatet genom konkurrensens verkan

**as modern industry develops they even see the moment
approaching when they will completely disappear as an
independent section of modern society**

I takt med att den moderna industrin utvecklas, ser de till och
med det ögonblick närma sig, då den helt kommer att
försvinna som en självständig del av det moderna samhället

**they will be replaced, in manufactures, agriculture and
commerce, by overlookers, bailiffs and shopmen**

De kommer att ersättas av uppsyningsmän, kronofogdar och
krämare inom manufakturerna, jordbruket och handeln

**In countries like France, where the peasants constitute far
more than half of the population**

I länder som Frankrike, där bönderna utgör mycket mer än
hälften av befolkningen

**it was natural that there there are writers who sided with the
proletariat against the Bourgeoisie**

Det var naturligt att det fanns författare som ställde sig på
proletariatets sida mot bourgeoisin

**in their criticism of the Bourgeoisie regime they used the
standard of the peasant and petty Bourgeoisie**

I sin kritik av bourgeoisins regim använde de sig av bonde-
och småbourgeoisins måttstock

**and from the standpoint of these intermediate classes they
take up the cudgels for the working class**

Och från dessa mellanklassers ståndpunkt griper de upp
kampen för arbetarklassen

Thus arose petty-Bourgeoisie Socialism, of which Sismondi was the head of this school, not only in France but also in England
På så sätt uppstod den småborgerliga socialismen, för vilken Sismondi var ledare för denna skola, inte bara i Frankrike utan också i England
This school of Socialism dissected with great acuteness the contradictions in the conditions of modern production
Denna socialistiska skola dissekerade med stor skärpa motsättningarna i den moderna produktionens betingelser
This school laid bare the hypocritical apologies of economists
Denna skola blottlade ekonomernas hycklande ursäkter
This school proved, incontrovertibly, the disastrous effects of machinery and division of labour
Denna skola bevisade obestridligen de katastrofala effekterna av maskineri och arbetsdelning
it proved the concentration of capital and land in a few hands
Den bevisade att kapital och jord var koncentrerade till ett fåtal händer
it proved how overproduction leads to Bourgeoisie crises
Den bevisade hur överproduktion leder till borgerliga kriser
it pointed out the inevitable ruin of the petty Bourgeoisie and peasant
Den pekade på den oundvikliga ruinen för småbourgeoisin och bönderna
the misery of the proletariat, the anarchy in production, the crying inequalities in the distribution of wealth
proletariatets elände, anarkin i produktionen, den skriande ojämlikheten i fördelningen av rikedomarna
it showed how the system of production leads the industrial war of extermination between nations
Den visade, hur produktionssystemet leder det industriella utrotningskriget mellan nationerna

the dissolution of old moral bonds, of the old family relations, of the old nationalities

Upplösningen av de gamla moraliska banden, av de gamla familjeförhållandena, av de gamla nationaliteterna

In its positive aims, however, this form of Socialism aspires to achieve one of two things

Men i sina positiva mål strävar denna form av socialism efter att uppnå en av två saker

either it aims to restore the old means of production and of exchange

Antingen syftar den till att återupprätta de gamla produktions- och utbytesmedlen

and with the old means of production it would restore the old property relations, and the old society

Och med de gamla produktionsmedlen skulle den återupprätta de gamla egendomsförhållandena och det gamla samhället

or it aims to cramp the modern means of production and exchange into the old framework of the property relations

Eller också strävar den efter att tränga in de moderna produktions- och utbytesmedlen i egendomsförhållandenas gamla ram

In either case, it is both reactionary and Utopian

I båda fallen är den både reaktionär och utopisk

Its last words are: corporate guilds for manufacture, patriarchal relations in agriculture

Dess sista ord lyder: korporativa gillen för manufakturen, patriarkaliska förhållanden inom jordbruket

Ultimately, when stubborn historical facts had dispersed all intoxicating effects of self-deception

Till sist, när envisa historiska fakta hade skingrat alla berusande effekter av självbedrägeri

this form of Socialism ended in a miserable fit of pity

Denna form av socialism slutade i ett eländigt anfall av medlidande.

c) German, or "True," Socialism
c) Tysk eller "sann" socialism

The Socialist and Communist literature of France originated under the pressure of a Bourgeoisie in power
Den socialistiska och kommunistiska litteraturen i Frankrike uppstod under trycket från en bourgeoisi vid makten
and this literature was the expression of the struggle against this power
Och denna litteratur var ett uttryck för kampen mot denna makt
it was introduced into Germany at a time when the Bourgeoisie had just begun its contest with feudal absolutism
Den infördes i Tyskland vid en tidpunkt då bourgeoisin just hade börjat sin kamp mot den feodala absolutismen
German philosophers, would-be philosophers, and beaux esprits, eagerly seized on this literature
Tyska filosofer, blivande filosofer och beaux esprits grep ivrigt tag i denna litteratur
but they forgot that the writings immigrated from France into Germany without bringing the French social conditions along
men de glömde, att skrifterna invandrade från Frankrike till Tyskland utan att föra med sig de franska samhällsförhållandena
In contact with German social conditions, this French literature lost all its immediate practical significance
I kontakten med de tyska samhällsförhållandena förlorade denna franska litteratur all sin omedelbara praktiska betydelse
and the Communist literature of France assumed a purely literary aspect in German academic circles
och den kommunistiska litteraturen i Frankrike antog en rent litterär sida i tyska akademiska kretsar
Thus, the demands of the first French Revolution were nothing more than the demands of "Practical Reason"

Den första franska revolutionens krav var alltså ingenting annat än det "praktiska förnuftets" krav

and the utterance of the will of the revolutionary French Bourgeoisie signified in their eyes the law of pure Will

Och uttalandet av den revolutionära franska bourgeoisins vilja betydde i deras ögon den rena viljans lag

it signified Will as it was bound to be; of true human Will generally

det betydde Viljan så som den måste vara; av sann mänsklig vilja i allmänhet

The world of the German literati consisted solely in bringing the new French ideas into harmony with their ancient philosophical conscience

Den tyska litteraturens värld bestod endast i att bringa de nya franska idéerna i harmoni med deras gamla filosofiska samvete

or rather, they annexed the French ideas without deserting their own philosophic point of view

eller rättare sagt, de annekterade de franska idéerna utan att överge sin egen filosofiska ståndpunkt

This annexation took place in the same way in which a foreign language is appropriated, namely, by translation

Denna annektering ägde rum på samma sätt som ett främmande språk tillägnas, nämligen genom översättning

It is well known how the monks wrote silly lives of Catholic Saints over manuscripts

Det är välkänt hur munkarna skrev fåniga liv om katolska helgon över manuskript

the manuscripts on which the classical works of ancient heathendom had been written

de manuskript på vilka den forntida hedendomens klassiska verk hade skrivits

The German literati reversed this process with the profane French literature

Den tyska litteraturen vände på denna process med den profana franska litteraturen

They wrote their philosophical nonsense beneath the French original

De skrev sitt filosofiska nonsens under det franska originalet

For instance, beneath the French criticism of the economic functions of money, they wrote "Alienation of Humanity"

Under den franska kritiken av pengarnas ekonomiska funktioner skrev de till exempel "Mänsklighetens alienation"

beneath the French criticism of the Bourgeoisie State they wrote "dethronement of the Category of the General"

Under den franska kritiken av den borgerliga staten skrev de "detronisering av generalkategorin"

The introduction of these philosophical phrases at the back of the French historical criticisms they dubbed:

Introduktionen av dessa filosofiska fraser i bakgrunden av den franska historiekritiken döptes till:

"Philosophy of Action," "True Socialism," "German Science of Socialism," "Philosophical Foundation of Socialism," and so on

"Handlingsfilosofin", "den sanna socialismen", "den tyska vetenskapen om socialismen", "socialismens filosofiska grundval" o.s.v.

The French Socialist and Communist literature was thus completely emasculated

Den franska socialistiska och kommunistiska litteraturen blev därmed fullständigt kastrerad

in the hands of the German philosophers it ceased to express the struggle of one class with the other

I de tyska filosofernas händer upphörde den att ge uttryck för den ena klassens kamp mot den andra

and so the German philosophers felt conscious of having overcome "French one-sidedness"

och så kände sig de tyska filosoferna medvetna om att de hade övervunnit den "franska ensidigheten"

it did not have to represent true requirements, rather, it represented requirements of truth

Den behövde inte representera verkliga krav, snarare
representerade den sanningens krav
**there was no interest in the proletariat, rather, there was
interest in Human Nature**
Det fanns inget intresse för proletariatet, snarare fanns det ett
intresse för den mänskliga naturen
**the interest was in Man in general, who belongs to no class,
and has no reality**
Man intresserade sig för människan i allmänhet, som inte
tillhör någon klass och inte har någon verklighet
**a man who exists only in the misty realm of philosophical
fantasy**
En man som bara existerar i den filosofiska fantasins dimmiga
rike
**but eventually this schoolboy German Socialism also lost its
pedantic innocence**
Men till slut förlorade även denna skolpojke, den tyska
socialismen, sin pedantiska oskuldsfullhet
**the German Bourgeoisie, and especially the Prussian
Bourgeoisie fought against feudal aristocracy**
Den tyska bourgeoisin och särskilt den preussiska bourgeoisin
kämpade mot den feodala aristokratin
**the absolute monarchy of Germany and Prussia was also
being faught against**
Den absoluta monarkin i Tyskland och Preussen var också i
strid
**and in turn, the literature of the liberal movement also
became more earnest**
Och i gengäld blev också den liberala rörelsens litteratur mer
seriös
**Germany's long wished-for opportunity for "true" Socialism
was offered**
Tysklands länge efterlängtade möjlighet till "sann" socialism
erbjöds
**the opportunity of confronting the political movement with
the Socialist demands**

Möjligheten att konfrontera den politiska rörelsen med de socialistiska kraven

the opportunity of hurling the traditional anathemas against liberalism

Möjligheten att slunga de traditionella förbannelserna mot liberalismen

the opportunity to attack representative government and Bourgeoisie competition

Möjligheten att angripa den representativa regeringen och bourgeoisins konkurrens

Bourgeoisie freedom of the press, Bourgeoisie legislation, Bourgeoisie liberty and equality

bourgeoisins pressfrihet, bourgeoisins lagstiftning, bourgeoisins frihet och jämlikhet

all of these could now be critiqued in the real world, rather than in fantasy

Allt detta skulle nu kunna kritiseras i den verkliga världen, snarare än i fantasin

feudal aristocracy and absolute monarchy had long preached to the masses

Den feodala aristokratin och den absoluta monarkin hade länge predikats för massorna

"the working man has nothing to lose, and he has everything to gain"

"Arbetaren har inget att förlora, och han har allt att vinna"

the Bourgeoisie movement also offered a chance to confront these platitudes

Den borgerliga rörelsen erbjöd också en möjlighet att konfrontera dessa plattityder

the French criticism presupposed the existence of modern Bourgeoisie society

Den franska kritiken förutsatte existensen av ett modernt borgerligt samhälle

Bourgeoisie economic conditions of existence and Bourgeoisie political constitution

Bourgeoisins ekonomiska levnadsbetingelser och bourgeoisins
politiska författning

**the very things whose attainment was the object of the
pending struggle in Germany**

just de ting, vilkas förverkligande var föremål för den
förestående kampen i Tyskland

**Germany's silly echo of socialism abandoned these goals
just in the nick of time**

Tysklands enfaldiga eko av socialismen övergav dessa mål i
sista sekund

**the absolute governments had their following of parsons,
professors, country squires and officials**

De absoluta regeringarna hade sina anhängare av präster,
professorer, godsägare och ämbetsmän

**the government of the time met the German working-class
risings with floggings and bullets**

Den dåvarande regeringen mötte de tyska arbetarupproren
med spöstraff och kulor

**for them this socialism served as a welcome scarecrow
against the threatening Bourgeoisie**

För dem tjänade denna socialism som en välkommen
fågelskrämma mot den hotande bourgeoisin

**and the German government was able to offer a sweet
dessert after the bitter pills it handed out**

och den tyska regeringen kunde erbjuda en söt efterrätt efter
de bittra piller som den delade ut

**this "True" Socialism thus served the governments as a
weapon for fighting the German Bourgeoisie**

Denna "sanna" socialism tjänade alltså regeringarna som ett
vapen i kampen mot den tyska bourgeoisin

**and, at the same time, it directly represented a reactionary
interest; that of the German Philistines**

Och samtidigt representerade den direkt ett reaktionärt
intresse; de tyska filistrarnas, som är en av de tyska filistrarna,

**In Germany the petty Bourgeoisie class is the real social
basis of the existing state of things**

I Tyskland är småbourgeoisin den verkliga samhälleliga grundvalen för det nuvarande sakernas tillstånd

a relique of the sixteenth century that has constantly been cropping up under various forms

En kvarleva från 1500-talet som ständigt har dykt upp i olika former

To preserve this class is to preserve the existing state of things in Germany

Att bevara denna klass är att bevara det rådande tillståndet i Tyskland

The industrial and political supremacy of the Bourgeoisie threatens the petty Bourgeoisie with certain destruction

Bourgeoisins industriella och politiska överhöghet hotar småbourgeoisin med säker undergång

on the one hand, it threatens to destroy the petty Bourgeoisie through the concentration of capital

Å ena sidan hotar den att förinta småbourgeoisin genom kapitalets koncentration

on the other hand, the Bourgeoisie threatens to destroy it through the rise of a revolutionary proletariat

Å andra sidan hotar bourgeoisin att förstöra den genom ett revolutionärt proletariats uppkomst

"True" Socialism appeared to kill these two birds with one stone. It spread like an epidemic

Den "sanna" socialismen tycktes slå dessa två flugor i en smäll. Den spred sig som en epidemi

The robe of speculative cobwebs, embroidered with flowers of rhetoric, steeped in the dew of sickly sentiment

Klädnaden av spekulativa spindelväv, broderad med retorikens blommor, indränkt i den sjukliga känslans dagg

this transcendental robe in which the German Socialists wrapped their sorry "eternal truths"

denna transcendentala mantel, i vilken de tyska socialisterna svepte in sina sorgliga "eviga sanningar"

all skin and bone, served to wonderfully increase the sale of their goods amongst such a public

skinn och ben, tjänade till att på ett underbart sätt öka
försäljningen av deras varor bland en sådan

**And on its part, German Socialism recognised, more and
more, its own calling**

Och den tyska socialismen å sin sida erkände mer och mer sin
egen kallelse

**it was called to be the bombastic representative of the petty-
Bourgeoisie Philistine**

Den kallades att vara den bombastiska representanten för den
småborgerliga kälkborgaren

**It proclaimed the German nation to be the model nation, and
German petty Philistine the model man**

Den proklamerade att den tyska nationen var
mönsternationen och den tyska småfilistén mönstermänniskan

**To every villainous meanness of this model man it gave a
hidden, higher, Socialistic interpretation**

Åt varje skurkaktig elakhet hos denna mönstermänniska gav
den en dold, högre, socialistisk tolkning

**this higher, Socialistic interpretation was the exact contrary
of its real character**

Denna högre, socialistiska tolkning var raka motsatsen till
dess verkliga karaktär

**It went to the extreme length of directly opposing the
"brutally destructive" tendency of Communism**

Den gick så långt att den direkt motsatte sig kommunismens
"brutalt destruktiva" tendens

**and it proclaimed its supreme and impartial contempt of all
class struggles**

Och den proklamerade sitt oerhörda och opartiska förakt för
alla klasskamper

**With very few exceptions, all the so-called Socialist and
Communist publications that now (1847) circulate in
Germany belong to the domain of this foul and enervating
literature**

Med mycket få undantag hör alla de s.k. socialistiska och
kommunistiska publikationer, som nu (1847) cirkulerar i

Tyskland, till denna smutsiga och enerverande litteraturs
område

2) Conservative Socialism, or Bourgeoisie Socialism
2) Konservativ socialism eller borgerlig socialism

A part of the Bourgeoisie is desirous of redressing social grievances
En del av bourgeoisin är angelägen om att avhjälpa de sociala missförhållandena
in order to secure the continued existence of Bourgeoisie society
för att trygga det borgerliga samhällets fortbestånd
To this section belong economists, philanthropists, humanitarians
Till denna sektion hör ekonomer, filantroper, humanister
improvers of the condition of the working class and organisers of charity
förbättrare av arbetarklassens ställning och organisatörer av välgörenhet
members of societies for the prevention of cruelty to animals
Medlemmar i föreningar för förhindrande av djurplågeri
temperance fanatics, hole-and-corner reformers of every imaginable kind
Nykterhetsfanatiker, hål-och-vrå-reformatorer av alla tänkbara slag
This form of Socialism has, moreover, been worked out into complete systems
Denna form av socialism har dessutom utarbetats till fullständiga system
We may cite Proudhon's "Philosophie de la Misère" as an example of this form
Vi kan anföra Proudhons "Philosophie de la Misère" som ett exempel på denna form

The Socialistic Bourgeoisie want all the advantages of modern social conditions

Den socialistiska bourgeoisin vill ha de moderna samhällsförhållandenas alla fördelar

but the Socialistic Bourgeoisie don't necessarily want the resulting struggles and dangers

Men den socialistiska bourgeoisin vill inte nödvändigtvis ha de strider och faror som blir följden

They desire the existing state of society, minus its revolutionary and disintegrating elements

De vill ha det existerande samhällstillståndet, minus dess revolutionära och sönderfallande element

in other words, they wish for a Bourgeoisie without a proletariat

med andra ord, de vill ha en bourgeoisi utan proletariat

The Bourgeoisie naturally conceives the world in which it is supreme to be the best

Bourgeoisin föreställer sig naturligtvis den värld, i vilken den är den högsta att vara bäst

and Bourgeoisie Socialism develops this comfortable conception into various more or less complete systems

Och den borgerliga socialismen utvecklar denna bekväma uppfattning i olika mer eller mindre fullständiga system

they would very much like the proletariat to march straightway into the social New Jerusalem

de skulle mycket gärna vilja att proletariatet genast marscherade in i det sociala Nya Jerusalem

but in reality it requires the proletariat to remain within the bounds of existing society

Men i realiteten kräver det att proletariatet håller sig inom det existerande samhällets gränser

they ask the proletariat to cast away all their hateful ideas concerning the Bourgeoisie

De ber proletariatet att kasta bort alla sina förhatliga idéer om bourgeoisin

there is a second more practical, but less systematic, form of this Socialism

Det finns en andra, mer praktisk, men mindre systematisk form av denna socialism

this form of socialism sought to depreciate every revolutionary movement in the eyes of the working class

Denna form av socialism strävade efter att nedvärdera varje revolutionär rörelse i arbetarklassens ögon

they argue no mere political reform could be of any advantage to them

De hävdar att inga enbart politiska reformer skulle kunna vara till någon fördel för dem

only a change in the material conditions of existence in economic relations are of benefit

Endast en förändring av de materiella existensbetingelserna i de ekonomiska förhållandena är till nytta

like communism, this form of socialism advocates for a change in the material conditions of existence

Liksom kommunismen förespråkar denna form av socialism en förändring av de materiella levnadsbetingelserna

however, this form of socialism by no means suggests the abolition of the Bourgeoisie relations of production

Men denna form av socialism innebär på intet sätt ett avskaffande av bourgeoisins produktionsförhållanden

the abolition of the Bourgeoisie relations of production can only be achieved through a revolution

Avskaffandet av bourgeoisins produktionsförhållanden kan endast uppnås genom en revolution

but instead of a revolution, this form of socialism suggests administrative reforms

Men i stället för en revolution föreslår denna form av socialism administrativa reformer

and these administrative reforms would be based on the continued existence of these relations

Och dessa administrativa reformer skulle bygga på att dessa förbindelser skulle fortsätta att existera

reforms, therefore, that in no respect affect the relations between capital and labour
reformer som därför inte på något sätt påverkar förhållandet mellan kapital och arbete
at best, such reforms lessen the cost and simplify the administrative work of Bourgeoisie government
I bästa fall minskar sådana reformer kostnaderna och förenklar den borgerliga regeringens administrativa arbete
Bourgeois Socialism attains adequate expression, when, and only when, it becomes a mere figure of speech
Den borgerliga socialismen kommer till ett adekvat uttryck, när och endast när den blir ett rent bildligt uttryck
Free trade: for the benefit of the working class
Frihandel: till gagn för arbetarklassen
Protective duties: for the benefit of the working class
Skyddsuppgifter: till förmån för arbetarklassen
Prison Reform: for the benefit of the working class
Fängelsereform: till gagn för arbetarklassen
This is the last word and the only seriously meant word of Bourgeoisie Socialism
Detta är den borgerliga socialismens sista ord och det enda allvarligt menade ordet
It is summed up in the phrase: the Bourgeoisie is a Bourgeoisie for the benefit of the working class
Det kan sammanfattas i frasen: bourgeoisin är en bourgeoisi till förmån för arbetarklassen

3) Critical-Utopian Socialism and Communism
3) Kritisk-utopisk socialism och kommunism

We do not here refer to that literature which has always given voice to the demands of the proletariat
Vi syftar här inte på den litteratur som alltid har gett röst åt proletariatets krav
this has been present in every great modern revolution, such as the writings of Babeuf and others
Detta har varit närvarande i varje stor modern revolution, såsom i skrifter av Babeuf och andra
The first direct attempts of the proletariat to attain its own ends necessarily failed
Proletariatets första direkta försök att uppnå sina egna mål misslyckades med nödvändighet
these attempts were made in times of universal excitement, when feudal society was being overthrown
Dessa försök gjordes i tider av allmän upphetsning, då det feodala samhället höll på att störtas
the then undeveloped state of the proletariat led to those attempts failing
Proletariatets då outvecklade tillstånd ledde till att dessa försök misslyckades
and they failed due to the absence of the economic conditions for its emancipation
Och de misslyckades på grund av att det saknades de ekonomiska förutsättningarna för dess frigörelse
conditions that had yet to be produced, and could be produced by the impending Bourgeoisie epoch alone
betingelser som ännu inte hade skapats och som endast kunde frambringas av den förestående bourgeoisin,
The revolutionary literature that accompanied these first movements of the proletariat had necessarily a reactionary character
Den revolutionära litteratur som åtföljde dessa proletariatets första rörelser hade med nödvändighet en reaktionär karaktär

This literature inculcated universal asceticism and social levelling in its crudest form

Denna litteratur inskärpte universell askes och social nivellering i dess grövsta form

The Socialist and Communist systems, properly so called, spring into existence in the early undeveloped period

De socialistiska och kommunistiska systemen, i egentlig mening, uppstod under den tidiga outvecklade perioden

Saint-Simon, Fourier, Owen and others, described the struggle between proletariat and Bourgeoisie (see Section 1)

Saint-Simon, Fourier, Owen m.fl. skildrade kampen mellan proletariatet och bourgeoisin (se avsnitt 1)

The founders of these systems see, indeed, the class antagonisms

Grundarna av dessa system ser i själva verket klassmotsättningarna

they also see the action of the decomposing elements, in the prevailing form of society

De ser också de sönderfallande elementens verksamhet i den rådande samhällsformen

But the proletariat, as yet in its infancy, offers to them the spectacle of a class without any historical initiative

Men proletariatet, som ännu befinner sig i sin linda, erbjuder dem skådespelet av en klass utan något historiskt initiativ

they see the spectacle of a social class without any independent political movement

De ser skådespelet av en social klass utan någon självständig politisk rörelse

the development of class antagonism keeps even pace with the development of industry

Klassmotsättningarnas utveckling håller jämna steg med industrins utveckling

so the economic situation does not as yet offer to them the material conditions for the emancipation of the proletariat

Det ekonomiska läget erbjuder dem alltså ännu inte de materiella betingelserna för proletariatets frigörelse

They therefore search after a new social science, after new social laws, that are to create these conditions

De söker därför efter en ny samhällsvetenskap, efter nya samhällslagar, som skall skapa dessa betingelser

historical action is to yield to their personal inventive action

Historiskt handlande är att ge vika för sin personliga uppfinningsrikedom

historically created conditions of emancipation are to yield to fantastic conditions

Historiskt skapade betingelser för frigörelse skall ge vika för fantastiska betingelser

and the gradual, spontaneous class-organisation of the proletariat is to yield to the organisation of society

Och proletariatets gradvisa, spontana klassorganisation måste ge vika för samhällets organisering

the organisation of society specially contrived by these inventors

Den samhällsorganisation som dessa uppfinnare särskilt utarbetat

Future history resolves itself, in their eyes, into the propaganda and the practical carrying out of their social plans

Den framtida historien upplöses i deras ögon i propaganda och praktiskt genomförande av deras sociala planer

In the formation of their plans they are conscious of caring chiefly for the interests of the working class

Vid utformningen av sina planer är de medvetna om att de i första hand tar hänsyn till arbetarklassens intressen

Only from the point of view of being the most suffering class does the proletariat exist for them

Endast som den mest lidande klassen existerar proletariatet för dem

The undeveloped state of the class struggle and their own surroundings inform their opinions

Klasskampens outvecklade tillstånd och deras egen omgivning präglar deras åsikter

Socialists of this kind consider themselves far superior to all class antagonisms

Socialister av detta slag anser sig vara vida överlägsna alla klassmotsättningar

They want to improve the condition of every member of society, even that of the most favoured

De vill förbättra villkoren för varje medlem i samhället, även för de mest gynnade

Hence, they habitually appeal to society at large, without distinction of class

Därför appellerar de vanemässigt till samhället i stort, utan åtskillnad på klassnivå

nay, they appeal to society at large by preference to the ruling class

Nej, de appellerar till samhället i stort i stället för den härskande klassen

to them, all it requires is for others to understand their system

För dem är allt som krävs att andra förstår deras system

because how can people fail to see that the best possible plan is for the best possible state of society?

För hur kan människor undgå att se att den bästa möjliga planen är för ett så bra samhällstillstånd som möjligt?

Hence, they reject all political, and especially all revolutionary, action

Därför förkastar de all politisk, och särskilt all revolutionär, aktion

they wish to attain their ends by peaceful means

De vill uppnå sina mål med fredliga medel

they endeavour, by small experiments, which are necessarily doomed to failure

De försöker sig på små experiment, som med nödvändighet är dömda att misslyckas

and by the force of example they try to pave the way for the new social Gospel

och genom exemplets makt försöker de bana väg för det nya sociala evangeliet

Such fantastic pictures of future society, painted at a time when the proletariat is still in a very undeveloped state

Så fantastiska bilder av det framtida samhället, målade i en tid då proletariatet ännu befinner sig i ett mycket outvecklat tillstånd

and it still has but a fantastical conception of its own position

Och den har ännu bara en fantasifull föreställning om sin egen ställning

but their first instinctive yearnings correspond with the yearnings of the proletariat

Men deras första instinktiva längtan motsvarar proletariatets längtan

both yearn for a general reconstruction of society

Båda längtar efter en allmän omdaning av samhället

But these Socialist and Communist publications also contain a critical element

Men dessa socialistiska och kommunistiska publikationer innehåller också ett kritiskt element

They attack every principle of existing society

De angriper varje princip i det existerande samhället

Hence they are full of the most valuable materials for the enlightenment of the working class

Därför är de fulla av det värdefullaste material för arbetarklassens upplysning

they propose abolition of the distinction between town and country, and the family

De föreslår att distinktionen mellan stad och landsbygd och familjen skall avskaffas

the abolition of the carrying on of industries for the account of private individuals

avskaffande av näringsverksamhet för enskilda personers räkning

and the abolition of the wage system and the proclamation of social harmony

och avskaffandet av lönesystemet och proklamationen av social harmoni

the conversion of the functions of the State into a mere superintendence of production

Förvandlingen av statens funktioner till en ren övervakning av produktionen

all these proposals, point solely to the disappearance of class antagonisms

Alla dessa förslag pekar endast på klassmotsättningarnas försvinnande

class antagonisms were, at that time, only just cropping up

Klassmotsättningarna hade vid denna tid bara börjat dyka upp

in these publications these class antagonisms are recognised in their earliest, indistinct and undefined forms only

I dessa skrifter erkänner man dessa klassmotsättningar endast i sina tidigaste, oklara och obestämda former

These proposals, therefore, are of a purely Utopian character

Dessa förslag är därför av rent utopisk karaktär

The significance of Critical-Utopian Socialism and Communism bears an inverse relation to historical development

Den kritiskt-utopiska socialismens och kommunismens betydelse står i omvänt förhållande till den historiska utvecklingen

the modern class struggle will develop and continue to take definite shape

Den moderna klasskampen kommer att utvecklas och fortsätta att ta definitiv form

this fantastic standing from the contest will lose all practical value

Denna fantastiska ställning från tävlingen kommer att förlora allt praktiskt värde

these fantastic attacks on class antagonisms will lose all theoretical justification

Dessa fantastiska angrepp på klassmotsättningarna kommer att förlora allt teoretiskt berättigande

the originators of these systems were, in many respects, revolutionary

Upphovsmännen till dessa system var i många avseenden revolutionerande

but their disciples have, in every case, formed mere reactionary sects

Men deras lärjungar har i varje fall bildat rena reaktionära sekter

They hold tightly to the original views of their masters

De håller hårt fast vid sina herrars ursprungliga åsikter

but these views are in opposition to the progressive historical development of the proletariat

Men dessa åsikter står i motsättning till proletariatets progressiva historiska utveckling

They, therefore, endeavour, and that consistently, to deaden the class struggle

De bemödar sig därför och detta konsekvent om att dämpa klasskampen

and they consistently endeavour to reconcile the class antagonisms

Och de bemödar sig konsekvent om att försona klassmotsättningarna

They still dream of experimental realisation of their social Utopias

De drömmer fortfarande om ett experimentellt förverkligande av sina sociala utopier

they still dream of founding isolated "phalansteres" and establishing "Home Colonies"

de drömmer fortfarande om att grunda isolerade "falangsterer" och etablera "hemkolonier"

they dream of setting up a "Little Icaria"—duodecimo editions of the New Jerusalem

de drömmer om att sätta upp ett "Lilla Ikaria" – duodecimo-
utgåvor av det nya Jerusalem
and they dream to realise all these castles in the air
Och de drömmer om att förverkliga alla dessa luftslott
**they are compelled to appeal to the feelings and purses of
the bourgeois**
De är tvungna att vädja till bourgeoisins känslor och
plånböcker
**By degrees they sink into the category of the reactionary
conservative Socialists depicted above**
Undan för undan sjunker de ner i den kategori av reaktionära
konservativa socialister som beskrivits ovan
they differ from these only by more systematic pedantry
De skiljer sig från dessa endast genom ett mer systematiskt
pedanteri
**and they differ by their fanatical and superstitious belief in
the miraculous effects of their social science**
Och de skiljer sig från varandra genom sin fanatiska och
vidskepliga tro på de mirakulösa verkningarna av sin
samhällsvetenskap
**They, therefore, violently oppose all political action on the
part of the working class**
De motsätter sig därför våldsamt varje politisk aktion från
arbetarklassens sida
**such action, according to them, can only result from blind
unbelief in the new Gospel**
En sådan handling kan, enligt dem, endast vara ett resultat av
blind otro på det nya evangeliet
**The Owenites in England, and the Fourierists in France,
respectively, oppose the Chartists and the "Réformistes"**
Oweniterna i England och fourieristerna i Frankrike är
motståndare till chartisterna och "réformisterna"

Position of the Communists in Relation to the Various Existing Opposision Parties
Kommunisternas ställning i förhållande till de olika existerande oppositionspartierna

Section II has made clear the relations of the Communists to the existing working-class parties
Sektion II har klargjort kommunisternas förhållande till de existerande arbetarpartierna

such as the Chartists in England, and the Agrarian Reformers in America
såsom chartisterna i England och de agrara reformatorerna i Amerika

The Communists fight for the attainment of the immediate aims
Kommunisterna kämpar för att uppnå de omedelbara målen

they fight for the enforcement of the momentary interests of the working class
De kämpar för att genomdriva arbetarklassens tillfälliga intressen

but in the political movement of the present, they also represent and take care of the future of that movement
Men i den politiska rörelsen av idag representerar och tar de också hand om rörelsens framtid

In France the Communists ally themselves with the Social-Democrats
I Frankrike allierar sig kommunisterna med socialdemokraterna

and they position themselves against the conservative and radical Bourgeoisie
och de positionerar sig mot den konservativa och radikala bourgeoisin

however, they reserve the right to take up a critical position in regard to phrases and illusions traditionally handed down from the great Revolution

Men de förbehåller sig rätten att inta en kritisk ståndpunkt när det gäller fraser och illusioner som traditionellt överlämnats från den stora revolutionen

In Switzerland they support the Radicals, without losing sight of the fact that this party consists of antagonistic elements

I Schweiz stöder de radikalerna, utan att förlora ur sikte det faktum att detta parti består av antagonistiska element

partly of Democratic Socialists, in the French sense, partly of radical Bourgeoisie

dels av demokratiska socialister i fransk mening, dels av radikal bourgeoisi

In Poland they support the party that insists on an agrarian revolution as the prime condition for national emancipation

I Polen stöder de det parti som insisterar på en agrarrevolution som den främsta förutsättningen för nationell frigörelse

that party which fomented the insurrection of Cracow in 1846

det parti som underblåste upproret i Krakow 1846

In Germany they fight with the Bourgeoisie whenever it acts in a revolutionary way

I Tyskland kämpar de tillsammans med bourgeoisin, så snart den handlar på ett revolutionärt sätt

against the absolute monarchy, the feudal squirearchy, and the petty Bourgeoisie

mot den absoluta monarkin, den feodala godsägaren och småbourgeoisin

But they never cease, for a single instant, to instil into the working class one particular idea

Men de upphör aldrig, för ett enda ögonblick, att ingjuta i arbetarklassen en särskild idé

the clearest possible recognition of the hostile antagonism between Bourgeoisie and proletariat

ett så klart erkännande som möjligt av den fientliga antagonismen mellan bourgeoisi och proletariat

so that the German workers may straightaway use the weapons at their disposal

så att de tyska arbetarna genast kan använda de vapen de förfogar över

the social and political conditions that the Bourgeoisie must necessarily introduce along with its supremacy

de sociala och politiska betingelser, som bourgeoisin med nödvändighet måste införa vid sidan av sin överhöghet

the fall of the reactionary classes in Germany is inevitable

De reaktionära klassernas fall i Tyskland är oundvikligt

and then the fight against the Bourgeoisie itself may immediately begin

och då kan kampen mot bourgeoisin själv omedelbart börja

The Communists turn their attention chiefly to Germany, because that country is on the eve of a Bourgeoisie revolution

Kommunisterna riktar sin uppmärksamhet huvudsakligen mot Tyskland, emedan detta land står på tröskeln till en bourgeoisirevolution

a revolution that is bound to be carried out under more advanced conditions of European civilisation

en revolution som måste genomföras under mer avancerade förhållanden i den europeiska civilisationen

and it is bound to be carried out with a much more developed proletariat

Och den måste genomföras med ett mycket mer utvecklat proletariat

a proletariat more advanced than that of England was in the seventeenth, and of France in the eighteenth century

ett proletariat som var mer avancerat än det i England på 1600-talet och i Frankrike på 1700-talet

and because the Bourgeoisie revolution in Germany will be but the prelude to an immediately following proletarian revolution

och emedan bourgeoisins revolution i Tyskland endast
kommer att vara upptakten till en omedelbart följande
proletär revolution

**In short, the Communists everywhere support every
revolutionary movement against the existing social and
political order of things**

Kort sagt, kommunisterna stöder överallt varje revolutionär
rörelse mot den bestående sociala och politiska ordningen

**In all these movements they bring to the front, as the leading
question in each, the property question**

I alla dessa rörelser ställer de egendomsfrågan i förgrunden,
som den ledande frågan i var och en av dem.

**no matter what its degree of development is in that country
at the time**

oavsett vilken grad av utveckling den har i det landet vid den
tidpunkten

**Finally, they labour everywhere for the union and
agreement of the democratic parties of all countries**

Slutligen arbetar de överallt för att de demokratiska partierna i
alla länder skall enas och enas

The Communists disdain to conceal their views and aims

Kommunisterna föraktar att dölja sina åsikter och mål

**They openly declare that their ends can be attained only by
the forcible overthrow of all existing social conditions**

De förklarar öppet, att deras mål endast kan uppnås genom ett
våldsamt omstörtande av alla existerande
samhällsförhållanden

Let the ruling classes tremble at a Communistic revolution

Må de härskande klasserna darra inför den kommunistiska
revolutionen

The proletarians have nothing to lose but their chains

Proletärerna har inget annat att förlora än sina bojor

They have a world to win

De har en värld att vinna

WORKING MEN OF ALL COUNTRIES, UNITE!

ARBETANDE MÄN I ALLA LÄNDER, FÖRENA ER!

www.ingramcontent.com/pod-product-compliance
Lightning Source LLC
Chambersburg PA
CBHW011740020426
42333CB00024B/2972